UN PODEROSO REGALO DE TRANSFORMACIÓN PERSONAL

Para:

____

De:

____

Fecha:

____

Carlos Eduardo Sarmiento L.

El Poder del Propósito

"Otorgarle sentido y significado a la vida, es el mayor detonante de compromiso y pasión que podemos encontrar"

Publicado por
D'har Services
Editorial Arte en Diseño
Global
P.O. Box 290
Yelm, WA 98597
www.dharservices.com
info@dharservices.com
dharservices@gmail.com

"El propósito de Dios en la creación, es que nosotros disfrutemos de una vida con propósito.

Y nuestro mejor regalo para Dios es vivir en propósito, en todas las áreas de nuestra vida".

CES

Una ofrenda de gratitud:

A Dios, por darme la hermosa posibilidad de encontrar y vivir mi propósito.

A Jesús, mi único Señor y Salvador, por el regalo maravilloso de la eternidad.

Este libro está especialmente dedicado:

A mis padres, quienes me otorgaron la vida:

Anamaria Ladino (mi gordita) y Abel Sarmiento.

Ahora están juntos en la presencia de Dios.

A mi esposa María

A mi hija Gianna (la princesita)

A mis hermanas Anamaria y Liliana,

gracias por ser parte de mi esencia.

Agradecimientos

Cada vez que escribo un nuevo libro, puedo reconocer la enorme gratitud que tengo hacia muchas personas, que han sido muy importantes en el camino que he recorrido, para ser quien soy.

Quiero agradecer a y honrar a mi madre, por ese amor maravilloso que me tuvo y por ser la persona que más creyó en mí.

Agradezco a todos mis hermanos: Oscar, Amparo, Néstor, Elsy, Manuela y Anamaria, por estar en mi vida y con sus vidas enseñarme cosas extraordinarias.

En especial a mis dos hermanas pequeñas: Anamaria y Manuela por estar siempre dispuestas a darme esperanza y en ocasiones me ofrecieron el mensaje que necesitaba oír para seguir adelante.

Gracias a mis mentores y editores, que me han acompañado y apoyado en este camino de escribir y ser parte en mi desarrollo.

Gracias por ser instrumentos en el cumplimiento de mi propósito:

Dejar un legado para impactar a 10.000.000 latinoamericanos.

Los libros son un gran instrumento de divulgación de enseñanzas.

Gracias a todos mis clientes y alumnos de *Leadership Service, Leadership Management International-LMI y Transformational Leadership Coaching Institute-TLCI.*

Gracias a las personas que me han inspirado e hicieron parte del reconocimiento de mi propósito:

Frank Albrech, docente de teología en el seminario menonita.

Carlos Pardo, del Instituto de Liderazgo Inilid.

Manuel Barrero, mi entrenador del Dale Carnegie Training.

Joseph Umidi, fundador de Lifeforming.

Carlos Emanuel Hernandez, mi mentor en el proceso de certificación de coaching de Lifeforming.

Jhon C. Maxwell, mi primer entrenador en liderazgo.

Félix Ortiz, mi entrenador de *Coaching* de *Creative Results Management*.

Fredy Kofman, mi mentor de consciencia.

Rick Tamlyn, quien me enseño pedagogía coach.

Mario Cobaleda, mi entrenador en coaching ontológico.

Bob Proctor y a Keith Johnson, por ser mentores de la transformación en mi vida.

Un especial reconocimiento a mi mentor e inspirador, Paul J. Meyer, quien me reto de manera poderosa con sus entrenamientos y con su legado.

Gracias a toda la familia de *LMI-Leadership Management International,* quienes me ayudaron a desarrollarme con el máximo potencial y me llevaron al siguiente nivel, para ser un potenciador de personas, negocios y empresas.

Gracias a Merlyn J Beeman, vicepresidente internacional de LMI gracias por inspirarme y retarme, cada día a dar lo mejor de mí, para mi familia y otros.

Índice

Introducción

Quiero compartir contigo un poco de mi historia, para que veas que no fue cuestión de suerte, ni imagines que cuando se es un escritor y profesional exitoso, es fácil decirles a los demás que hacer.

Yo soy colombiano y nací en un hogar de clase media en una familia disfuncional[1]. Lo que llamamos una familia normal en el mundo hispano. Tuve que afrontar el dolor de ver pelearse a mis padres, entender a mi manera lo que era el divorcio, tener que escoger cuando te hacen una pregunta, muy poco grata, como… ¿Con quién te vas a quedar con tu papá o con tu mamá?

Tengo que reconocer que antes de descubrir mí Propósito, era una persona demasiado normal, por no decir que era simplemente uno más. En mis estudios nunca saqué notas buenas o brillantes y me cambiaron de colegios muchas veces. Durante estos años escolares no brillé ni sobresalí

---

[1] Una familia disfuncional: es una familia en la que los conflictos, la mala conducta, y muchas veces el abuso por parte de los miembros individuales se producen continua y regularmente, lo que lleva a otros miembros a acomodarse a tales acciones.

en nada, causándole dolor y decepción a mi madre. Ella siempre deseo lo mejor para mí.

Gracias a Dios, no tuve vicios de drogas ni alcohol. Aunque pasé por todas las situaciones que pasan los adolescentes; incluyendo el pasar más tiempo con los amigos que con la familia, llegar a casa en la madrugada o, no llegar porque tenía cosas más divertidas que hacer.

Trabajé desde joven en empresas familiares, no por necesidad, sino como una posibilidad para educarme y prepararme para el futuro, así, lo veían mis padres. También tengo que reconocer que pagué el precio de lo que significa tener unos padres amorosos, que no te pueden dar más de lo que realmente tienen en su corazón, y que forma parte de lo que ellos también recibieron de pequeños.

Quedé en la mitad de mis dos hermanas, por ser el único hijo varón, del segundo matrimonio de mi padre con mi madre (mi padre era viudo, y tenía cuatro hijos de su primer matrimonio). Yo fui el consentido de mamá, y eso trajo problemas; hubo diferencias con mi papá, tuve peleas con mis hermanas, dejándome recuerdos y dolores agudos en mi vida.

Como adulto y siendo padre de una hermosa hija entendí, que a causa del amor, a veces malcriamos a nuestros hijos al tratar de ayudarlos, haciéndoles más daño, sin pretender hacerlo.

Recuerdo que al terminar el bachillerato (la educación media), estaba tan confundido y carecía de un rumbo exacto, que comencé dos carreras y no las terminé. Estudié primero electricidad y luego comencé con periodismo. En esas dos carreras, no sentí que palpitara mi corazón realmente, no me sentí conectado, ni me inspiraban a soñar.

Un día sucedió algo que nos cambió nuestra vida; sin darnos tiempo de prepararnos, ni despedirnos o arreglar cosas inconclusas, mi madre falleció. Simplemente ese día, se despidió de nosotros tres, sus hijos, como hacía regularmente cuando salía de compras, al salir del umbral en la puerta ella cayó al piso. Nosotros la vimos caer y rápidamente la levantamos y la llevamos a la cruz roja. Cuarenta minutos más tarde, nos avisaron que había muerto, debido a un paro cardiaco y respiratorio. ¡Partió dejándonos un gran vacío en nuestra alma!

Dieciséis años más tarde, nuestro padre fue diagnosticado con cáncer de próstata. A él, lo pudimos acompañar con la ayuda de Dios, durante dos largos años, aunque tuvimos que ver como este tipo de enfermedad consume y apaga a quien más amas y necesitas.

Con esta pequeña historia, quise mostrarte que en mi vida también pasé por situaciones difíciles. Situaciones que comparadas con tu propia historia, tal vez fueron más fáciles o más difíciles.

Hoy estoy ante ti, como escritor de este libro, con el propósito de brindarte un mensaje de inspiración.

Tengo que decirte que entre muchas cosas positivas, hubo dos cosas que también marcaron mi vida: La primera cuando recibí a Jesús en mi corazón, como mi señor y salvador. La segunda, fue cuando descubrí "MI PROPOSITO", no fue tarea fácil, me demoré muchos años.

Mi presente, es hoy en día maravilloso, no perfecto, pero si grandioso. Estoy felizmente casado, soy padre de una hija preciosa de tres años y medio llamado Gianna. Soy un consultor y Coach Organizacional exitoso, soy fundador y director de una escuela latinoamericana de *coaches*, además de fundador y director de la empresa consultora Emergiendo. Vivo mi propósito al 100%, soy muy feliz, me gusta pasar mi vida estudiando, aprendiendo, leyendo y escribiendo libros, una de mis mayores pasiones. Soy escritor exitoso y he publicado hasta el momento ocho libros, que se comercializan en más de 10 países.

Al descubrir tu propósito, es importante que sepas que ese no es el punto final. Es donde comienza tu verdadera historia personal; metafóricamente es como dar a luz un bebé. El propósito es un llamado divino, es un regalo de Dios, el descubrirlo es tan solo el primer paso, luego tendrás que creerlo y prepararte consistentemente para ganar muchas batallas de cara al mundo y frente a todos.

Siempre encontrarás detractores de tu propósito y personas a tu favor. Vendrán muchas veces dudas a tu mente, muchas veces querrás votar la toalla y rendirte. Y te dirás: ¡Que tonto fui por creer que yo estaba llamado a ser esto! ¡Por qué creí que algún día podía ser feliz, viviendo de esto!

El secreto está en entender que desde ese punto, el PROPOSITO te probará, es ahí, donde tú y solo tú, definirás si realmente estás listo y a la altura de tu llamado y de tu propósito.

Absolutamente todo lo que te pase de ahí en adelante en tu vida, tiene que ver con parte de tu propósito y con tu llamado divino. También vendrán muchas circunstancias, problemas, dificultades y hasta pasarás momentos dolorosos, los cuales te querrán convencer de que estas completamente equivocado, que eres un soñador, un iluso. Te llegarán pensamientos de que debes aterrizar y renunciar a tus sueños.

En esos momentos necesitarás que saques lo mejor de ti, tu valentía, tu osadía, tu grandeza, tu pasión, tu motivación y ante todo tu persistencia y disciplina, para nunca, nunca, nunca, rendirte; hasta que manifiestes el gran llamado, el mismo por el cual fuiste colocado en esta tierra y es tu verdadero propósito.

Bienvenidos a la búsqueda más significativa de la vida. ¡Tu propósito!

El Autor

"NO os creáis nada. NO importa donde lo leáis, o quien lo haya dicho, aunque lo haya dicho yo, a menos que concuerde con vuestra propia razón y vuestro sentido común".

Buda

Capítulo 1

Es hora de Comenzar

Todos los seres humanos tenemos nuestra propia historia, pero nos encanta conectarnos con las historias de otros que se asemejen a la de nosotros, cuyas historias terminen con finales bonitos y exitosos. Como son los finales hermosos que nos presentan en los guiones cinematográficos, seriados, videos o novelas.

Tal vez te has preguntado. ¿Por qué algunas películas de Hollywood no tienen éxito y otras arroyan en taquilla? La respuesta está en la historia y organización que existe detrás de cada filme.

Joseph Campbell[2], es el autor de un concepto conocido como "la jornada del héroe", en sus investigaciones sobre historias y mitos, descubrió que la estructura de los mitos e historias de las diferentes culturas y religiones, se asemejaban. Basado en esta percepción, él organizó la estructura de la jornada del

---

[2] Joseph Campbell, nació en New York en marzo 26 de 1904, fue un mitólogo, escritor y profesor estadounidense, más conocido por su trabajo sobre mitología y religión comparada. Su obra es vasta, abarcando muchos aspectos de la experiencia humana. Su filosofía es a menudo resumida por su frase: "Persigue tu felicidad".

héroe. Luego, Cristopher Vogler[3], analista de historias de Hollywood, escribió un documento conocido como "la guía práctica del poder del mito". Sobre el cual se fundamentan actualmente muchos guionistas, escritores de historias para cine y televisión. Desde esta estructura, la mayoría tiene una particularidad: que se conectan de manera sincrónica con la mente y el corazón de los espectadores, y es precisamente esta conexión, que las convierte en historias exitosas.

¿Tu vida es diferente? Yo creo que tienes la mejor materia prima ¡Tu vida! Para construir una historia ganadora.

Es interesante y emocionarte al leer libros de historias, novelas, *bestsellers*, o ver grandes historias en películas y seriados de televisión, que te hacen llorar y reír. Pero… el verdadero reto que todos los seres humanos tenemos es encontrar nuestro PROPÓSITO, a partir de esa intención comenzar a desarrollar nuestra propia historia.

Mi propuesta es que conozcas: "la estructura del viaje del héroe", de Campbell. Para que ubiques en que parte de esta estructura está tu vida, y a partir de ahí, te conectes con tu propósito. Los irás reconociendo y descubriendo, paso a paso, con los recursos que te brindaré en este libro.

---

[3] Christopher Vogler: escribió y difundió en Hollywood una monografía de quince páginas titulada Guía práctica para entender "el héroe de las mil caras" de Joseph Campbell. Expuso una síntesis de los estudios antropológicos y filológicos de Campbell, acerca de los mitos y su influencia en la literatura como arquetipos dramáticos.

LA JORNADA DEL HÉROE

1. **Un mundo ordinario:**
   Me referiré al desarrollo de una vida "normal", algo aburrida, una vida en la que no tocas ni cantas tu propia melodía, tal vez porque no has encontrado tu propósito. Y pasas tus días de manera normal, lógica y racional; mostrando una imagen "aparente" para que todos piensen que estas bien. Sin embargo, tienes una inconformidad asombrosa en tu interior, tu corazón se siente desconectado, tu mente confundida y tu alma está como muerta.

2. **Un llamado a la aventura:**
   Pero llega un momento inesperado, algo acontece en tu vida, que no lo esperabas y no estabas preparado. Un acontecimiento que te obligará a verte directamente a los ojos y ver más allá de ti. "Un momento de vida" que te hace cuestionar, que te hará gritar y decir: ¡Tengo que despertar! ¡Debe haber algo mejor para mí!

3. **Negando tu llamado:**
   Mucho prefieren seguir en una zona cómoda, seguir escondidos, manejando un bajo perfil, alimentando sus mentiras y creencias limitantes. Y todo esto porque tienen miedo de descubrir algo nuevo.

El resultado de este llamado a la aventura; es tu resistencia natural al cambio, a no pagar un precio, al no querer auto descubrirte para reconocerte como algo grandioso, ver tu genuina grandeza, ser tú el protagonista, descubriéndote y viéndote como el héroe de tu propia historia.

4. **El incidente inductor:**

Son momentos radicales que se presentan en nuestra vida, aquellos acontecimientos frustrantes, duros, tristes e impensables que llegan; obligándonos a movilizarnos o, nos presionan para hacer algo nuevo.

Frente a esto, tenemos la capacidad y la libertad de escoger y responder a esa situación determinada.

Es cuando elegimos ser protagonistas y asumimos las riendas de nuestra vida, enfrentando el problema o la situación y comenzamos a reescribir nuestra historia.

Otros se oponen radicalmente cayendo en depresión tratando de huir, y pierden la posibilidad de reescribir su propia historia.

5. **El Conflicto:**

Cuando hablamos de conflictos nos referimos a los problemas, luchas y barreras que nuestro héroe interior debe afrontar, pasar y ganar; para estar listo y continuar el siguiente nivel. Los héroes deben pasar varias pruebas para poder ser celebrados como héroes de verdad.

6. La Resurrección:

En este momento, la vida nos trae los peores y más fuertes enemigos; que se opondrán a que resurjamos y ganemos. Si persistimos, ocurrirá un milagro, cuando nadie daba nada por nosotros. De nuestro interior, nuestro espíritu, sacamos la fuerza máxima y terminamos venciendo.

Este es el momento más emocionante de la historia, es como en el proceso de una película, donde se reconoce la vulnerabilidad y la debilidad de los héroes y justo llega un momento de ambivalencia[4], pensando que lo peor ha pasado y que estamos listos para ser considerados héroes.

7. La Victoria:

Esta etapa es la culminación (*culmen*) de nuestra historia, es cuando nuestro héroe interior es externalizado, manifestado y reconocido por los otros. En esta parte es cuando por fin alcanzamos nuestras metas o aquello por lo que hemos luchado. Vienen los premios y aplausos. ¡Son cuando los sueños se hacen realidad!

---

[4] Ambivalencia: posibilidad de que algo tenga dos valores distintos o pueda entenderse o interpretarse de dos maneras distintas.
Estado de ánimo en el que coexisten dos emociones o sentimientos opuestos.

Capítulo 2

CAZADORES DE PROPÓSITOS

Los seres humanos, en algún momento de la vida deben buscar las respuestas a las siguientes preguntas:

¿Para qué nacimos?

¿Para qué fuimos ubicados en esta tierra?

Nosotros fuimos diseñados con un PROPÓSITO único y especifico, conforme a nuestro propio ADN. Todos tenemos un POR QUÉ, pero no todos los adultos pueden contestar con claridad. ¿Cuál es ese propósito?

Algunos piensan que el propósito es efímero y espiritual; otros, que es algo tonto e insignificante, o simplemente creen que no es importante. Muchos darían lo que fuera por descubrir su propósito.

Algunos lectores, llevan años buscando el elixir llamado "propósito", y siguen manteniendo la esperanza de descubrirlo antes de morir. Otros, ya lo han logrado y lo tienen claro; ahora disfrutan del éxito en sus vidas.

Mark Twain[5], dijo algo profundamente sabio:

---

[5] Mark Twain, Pseudónimo de Samuel Langhome Clemens (30 de noviembre de 1935 – 21 de abril de 1910) escritor estadounidense.

"Los dos mejores días de tu vida son, el día que naces y el día que descubres tu por qué".

Estoy convencido que para ti, el PROPÓSITO es algo muy importante. Por eso este libro ha llegado a tus manos.

Ahora es donde cobra sentido el título de este capítulo. Ya que has estado, o estas en la búsqueda de esa fórmula mágica o del mapa para encontrar tu verdadero propósito.

¿Dónde se busca este propósito?

El Propósito, solo puede ser encontrado en el fondo de tu corazón y puedes conectarte con él a través de tu espíritu. El medio o el camino para encontrarlo, es tu propia vida.

Por eso, solo aquellos que deciden vivir su vida al máximo y sin reservas, son los que más fácilmente encuentran su propósito.

¿Qué es vivir una vida al máximo? Es la posibilidad que tenemos de atrevernos a vivir cada día como si fuera el último, es darnos la oportunidad de creer que el futuro será mejor.

Sé un buscador permanente, permítete probar, aprender, y volver a probar, hasta que logres la sintonía perfecta entre tu propósito y tu corazón.

La edad no importa:

Aunque el ideal soñado sería descubrir y entender nuestro propósito, por lo menos en nuestros primeros quince años de edad, la realidad es, que así no opera la vida.

Existen personas mayores de veinte y aún mayores de sesenta años, que no han descubierto su propósito. Pero conozco a algunos que NO se han rendido y sé que lo encontrarán. Cuando lo encuentren será un momento mágico.

Estoy personalmente convencido que Dios, es el arquitecto eterno de la creación y en su diseño divino todo es perfecto. Por eso nunca será tarde para que descubras tu propósito.

Todo el camino que recorras en tu vida es parte de la preparación, para que estés listo y puedas brillar y cumplir con tu llamado.

La respuesta para buscar ese propósito es:

"El propósito está oculto en el espíritu y en el corazón de cada ser humano, que es colocado aquí en la tierra. El propósito surge y se manifiesta, una vez que el ser humano está listo y entrenado para vivirlo y servir con él a la humanidad. La única forma de encontrarlo es buscando y atreviéndose a hacer muchas cosas, viviendo tu propia vida".

Carlos Eduardo Sarmiento L.

He llegado a la conclusión, que todos los seres humanos tenemos la hermosa posibilidad de encontrarnos a nosotros mismos, de encontrar nuestro PROPÓSITO, para con él acceder a todas las maravillas de la vida, que llegarán como resultado de aprender las lecciones correctas, sobre cómo vivir.

Existen cuatro diferentes crisis, que en algunos momentos de la vida afronta el ser humano, nos veremos enfrentados a sobrepasar una, o todas. Al pasarlas, somos conducidos al poder del propósito.

Las cuatro crisis son:

- **Crisis de salud:** Si pasas una enfermedad grave, valorarás más tu vida, voltearás los ojos a lo espiritual y entenderás el verdadero valor del cuerpo y la salud.

- **Crisis de trascendencia:** Esta, normalmente llega entre los 45 y los 65 años. Sucede cuando la vida te ha permitido pensar que eras exitoso y te das cuenta, que no todo en la vida es dinero, éxito, fama y poder. Es cuando piensas, que la vida se debe tratar de "algo más".

- **Crisis de identidad o propósito:** Esta, puede presentarse en cualquier momento de tu vida. Es cuando, a pesar de lo que tengas o hagas, te sientes incompleto, vacío y sin sentido. Ya seas profesional o experto en algún oficio; aunque te haya dado reconocimiento y dinero.

- **Crisis Financieras:** Estas, también ocurren en cualquier momento de tu vida; al tener muchas deudas, crisis en los resultados de tus negocios o carrera. Lo que te obliga a deshacerte de algunos juguetes que has comprado, o bajarte del nivel socio económico; muy diferente al que estabas acostumbrado. Otras veces implica tocar fondo, y te verás obligado a hacer cosas que nunca hubieras imaginado hacer, con tal de darle de comer a tu familia.

Analiza a las personas que conozcas, fácilmente te darás cuenta que por lo menos, algunas de ellas, ya habrán pasado por una, o varias de las cuatro crisis que te he señalado.

Basado en mi experiencia y en mi propia vida, creo que Dios es tan amoroso y especial, que nos permitirá en diferente orden afrontar las cuatro crisis, para que éstas se transformen en las cuatro puertas que se abrirán para tu propósito.

Lo que quiero decir, es que en la forma como decidamos o elijamos responder a estas cuatro crisis en nuestras vidas, ellas se convertirán en parte del camino para descubrir nuestro verdadero propósito.

Capítulo 3

COORDENADAS PARA EL DESTINO

En mi trabajo como *coach,* terapeuta y psicólogo, he tenido el privilegio divino de escuchar, conversar y ayudar a muchas personas en sus problemáticas.

También he podido corroborar por comentarios que me han hecho, o he recibido de la pluma de muchos de mis mentores y maestros, lo radical e importante que es TENER UN PROPÓSITO a la hora de diseñar nuestras metas en la vida, construir futuro o rediseñar nuestro destino.

Por experiencia propia, lo mismo que de terapeutas colegas, he podido verificar los niveles de insatisfacción humana, y es tan fuerte esa sensación, que muchos consideran que no son felices con las vidas que han llevado. El común denominador es que carecen de un sentido. He escuchado muchas veces que darían o harían cualquier cosa con tal de descubrir y encontrar su propósito.

Cuando hago *coaching* con ejecutivos y empleados de empresas, a pesar de ser profesionales y exitosos, siempre me preguntan: ¿Cómo descubro o encuentro mi propósito?

Basado en todo esto, en mi propia búsqueda y experiencia personal con el poder del propósito; hoy, es uno de mis temas favoritos para enseñar. Lo trabajo con mayor pasión y entusiasmo.

Los disfraces del propósito:

Antes de describir la herramienta "La Brújula del Destino", quiero compartirles lo que a mi criterio son los disfraces, las formas o rostros que toma el propósito y que están presentes en tu vida, pero… a veces no los ves o no los entiendes; por esa razón no te puedes conectar con tu propósito.

Encontré, que el propósito ya está colocado en nosotros desde que nacemos, aunque suele esconderse, algunos logran manifestarlo en los primeros treinta años de vida.

Los cinco disfraces que lo rodean son:

Como te muestra esta gráfica, puedes comenzar a buscarlos en tu vida, te pregunto: ¿Cuál de esos disfraces del propósito, logras reconocer en tu vida? ¿Cómo te están dando las pistas, sobre aquello que es tu verdadero propósito?

Los *hobbies*: Son aquellas cosas que más te gusta hacer en tu tiempo libre, o aquellos objetos que has comenzado a coleccionar.

Las pasiones: Se trata de actividades que te generan emociones, ya sea que tú mismo las practiques, o veas a otras personas que las practican, como son los deportes, la música o cualquier tipo de arte.

Los talentos: Son aquellas cosas que s parte de ti, desde tus primeros años y se te da fácilmente, haciéndote diferenciar de los demás, ya sea al pintar, escribir, cantar, bailar, etc.

Los Gustos: Son cosas efímeras que te suelen agradar, o llaman tu atención en ciertos momentos o circunstancias de la vida, como el buen comer, la cocina, un arte o un deporte.

Labores y trabajos: Se trata de todas las profesiones, artes o conocimientos que existen y con los cuales te conectas en algún momento de tu vida, voluntaria o involuntariamente.

LA BRÚJULA DEL DESTINO

De esta herramienta de ubicación, he podido comprobar que tiene mucho sentido. Te servirá de gran ayuda a la hora de buscar, encontrar y confirmar tu propósito.

Por experiencia, sé que todos los propósitos humanos, están específicamente inmersos en algunas de las siguientes cuatro direcciones y es lo que llamo "La Brújula del Destino".

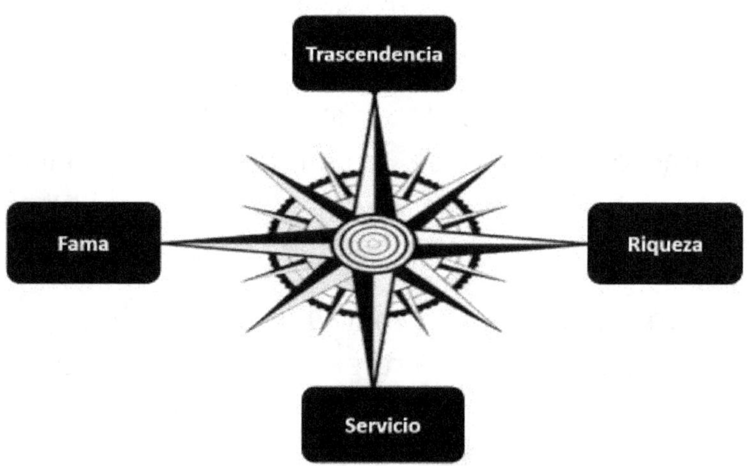

Esta Brújula del Destino, te muestra cuatro posibles rumbos que podrás tomar en tu viaje por la vida, con una dirección hacia tu propósito.

Es importante entender que todos los propósitos de los humanos vivan donde vivan y en cualquier lugar del mundo, están conectados a uno de estos cuatro destinos.

A continuación, te mostraré las profesiones, labores o artes, representadas o contenidas en cada una de las cuatro direcciones.

LAS CUATRO DIRECCIONES

Las cuatro direcciones que están representadas en la brújula son alguno de los cuatro caminos que los seres humanos debemos tomar, acorde a nuestra esencia y propósito.

Trascendencia: Esta dirección es para aquellas personas de pensamiento profundo y elevado, que consideran que la verdadera vida o la razón de existir, está más allá de simplemente nacer, crecer, reproducirse y morir. En este grupo encuentran su propósito; las personas que son espirituales y que buscan lo eterno e invisible, que consideran que el mensaje y las causas son lo realmente importante.

Opciones: Sacerdotes, monjas, religiosos, teólogos, filósofos, sociólogos, pastores, misioneros, profesores.

Riqueza: Son las personas que están en la dirección de la la productividad. Involucra a todos aquellos para los cuales el dinero, las riquezas, el estatus y el logro personal, lo es todo. Este grupo está pensado para los seres humanos soñadores, revolucionarios, visionarios que quieren trascender y ser exitosos, alrededor de eso, que les apasiona.

Opciones: Empresarios, emprendedores, ejecutivos, empleados, inventores.

Servicio: Esta dirección está pensada para aquellas personas que vinieron a este mundo a servir, apoyar y a impulsar a otros. Hablamos de personas que se entregan al servicio de otros, porque no pueden ser felices sin sentir que están sirviendo.

Opciones: Médicos, enfermeras, odontólogos, trabajadoras sociales, terapeutas.

Fama: Esta dirección está diseñada para aquellas personas que quieren llegar a las multitudes a través de su arte o talento. Están enfocadas en el logro personal y son muy apasionadas en todo lo que hacen.

Opciones: Escritores, artistas, deportistas y todos los que se apasionan en el arte.

Capítulo 4

EL LENGUAJE DE LOS SUEÑOS

Cuando del propósito se trata, poder soñar y hacerlo a lo grande es muy importante. Los sueños son el lenguaje de los visionarios, el fundamento de los conquistadores y la esencia de los líderes.

Así que, para conseguir tu propósito, deberás aprender a soñar en grande y ese soñar involucra las siguientes cosas:

- ✓ Verse
- ✓ Elegirse
- ✓ Creerse
- ✓ Atreverse

Soñar en grande: Debes comenzar teniendo fe en ti mismo, si no crees en ti, ¿cómo le pides a otros, que crean en ti?

Para mí, el soñar en grande se manifiesta como un don divino, que está siempre presente en nuestras vidas. Comienza a manifestarse desde que tenemos tres o cuatro años. Nuestros padres pueden observarnos, cuando nos sumergimos en historias invisibles, jugando con nuestros juguetes y amigos imaginarios.

El soñar sigue presente durante la primera etapa escolar, es ese descubrimiento de cosas nuevas, viviendo un mundo de fantasías, inspirados por lo que podemos ver en la televisión o en el internet. Comenzamos a querer ser alguien importante para cuando seamos grandes; de ahí te sale la idea de ser policía, bombero, médico, enfermera, cantante o súper héroe.

Los sueños y el propósito:

Ahora quiero invitarte a entender, la conexión existente entre los sueños y el propósito. El soñar es una capacidad divina que fue colocada en todos los seres humanos.

Hoy tengo claro que, si Dios nos permite soñar sobre algo, es posible alcanzarlo o hacerlo realidad. Pero también sé, que los tiempos son diferentes para cada persona, y que las mejores cosas de la vida que hemos soñado suelen suceder en tiempos diferentes al idealizado.

Diseñando sueños grandiosos en busca del propósito:

Tengo muy claro que todos los dones y talentos que nos han dado son regalos maravillosos. Lo que no se usa se atrofia; igual que sucede con los músculos que no ejercitamos y la mente cuando no la ejercitamos al máximo. Lo mismo pasa con los sueños. La capacidad natural de soñar, debes utilizarla y practicarla hasta que la desarrolles, para que se convierta en un gran potencial de tu desarrollo, conectado a la búsqueda de tu propósito.

Descubrir y alinearnos con nuestro propósito:

A continuación, te propongo un ejercicio interesante que te ayudará a reflexionar, a reinventarte y a volver a soñar en grande. ¿Cuál sería tu camino ideal, en conexión a tu corazón?

Recurriré a lo que he denominado **las siete esferas**. Son siete posibilidades de expansión. Te invito a soñar y a escribir tus sueños, para que puedas determinar con cuál te conectas más. La que tenga más sentido o relevancia para ti. En las siete esferas encontrarás las pistas fundamentales para descubrir o confirmar tu propósito o tu llamado, como suelen llamarle.

Según mi aprendizaje, en la gráfica siguiente encontrarás los siete lugares o caminos, donde la mayoría de los seres encuentran la pasión, relevancia y la felicidad al habitarlos. Para ti será o serán, la vivencia y manifestación de tu propósito.

Antes de explicar el ejercicio, te voy a dar una perspectiva de cada una de las siete esferas:

Desarrollo humano:

Esta esfera involucra a los seres, cuyo deseo es profundo por el conocimiento y su autodescubrimiento. Está pensada para aquellas personas que le apuestan al crecimiento y a la mejora continua en su vida personal. Hablamos de personas a las que les gusta la lectura, la música instrumental o con mensajes. Son esas personas a quienes les importa más el SER antes que el TENER.

Autonomía empresarial:

Esta esfera es la perfecta para aquellos espíritus libres, que no quieren depender financieramente de nadie y tampoco sienten que quieran tener jefes o algo parecido. Para estas personas, la libertad, la independencia y la autonomía es fundamental. Algunas de las personas que se mueven bien en esta esfera, son aquellas, a las cuales les gusta el éxito, el poder y el dinero. Para ellos está muy conectado el logro de resultados y tienen un espíritu competitivo.

También existen personas en esta esfera, que su motivación principal no es el dinero, pero por su pasión, compromiso y excelencia logran tanto éxito, que se convierten en empresarios o en dueños de un producto o servicio que les genera mucha riqueza.

Familia trascendente:

Esta esfera es muy significativa, aunque es mirada con extrañeza por muchas personas. Se trata de la esfera en donde habitan las personas, para quienes lo más importante en la vida, es lograr tener una familia maravillosa y su competencia más vital es con ellos mismos, con tal de poder ser cada día un mejor padre/madre, esposo(a). Esto es tan relevante y significativo que les otorga toda la felicidad que requieren para vivir su vida.

Construcción de comunidad:

Esta esfera, es fundamental para diseñar un mundo mejor para todos los habitantes de la Tierra. Se trata de la esfera donde se mueven con pasión y ahínco las personas que quieren servir y ayudar o aportar algo, en pro del bien común. Son seres con espíritus elevados, que a veces sacrifican sus propios sueños y necesidades con tal de servir a los otros, u honrar las causas de bien común, donde favorecen a muchos. Para ellos, lo importante es servir a numerosas personas o ser parte de una causa, más grande que ellos mismos.

Potencialización de dones:

Esta esfera es el camino correcto, para aquellos que logran reconocer con claridad sus dones y talentos, en cualquier área del conocimiento. Inmediatamente su espíritu inconforme los lleva a hacer un compromiso indeleble y permanente con el desarrollo y la mejora de ese don; hasta lograr llevarlo a su máxima expresión, o a la maestría total. Estoy hablando de personas con talentos naturales excepcionales, que no deben su felicidad y plenitud al don en sí, sino a su compromiso, su disciplina, su dedicación y a su pasión por la excelencia total en su gracia.

Camino espiritual:

Esta esfera, es el camino correcto para quienes son llamados a ser instrumentos de Dios, o servidores espirituales. Hablo de aquellos, que desde muy jóvenes sienten en su espíritu un llamado a la fe, a servir y a honrar lo espiritual y es lo trascendente en su vida, en base a su servicio. El camino espiritual no es para todo el mundo, de hecho, muchos en algún momento de sus vidas, se sintieron llamados o atraídos por este camino. Este camino demanda sacrificios personales muy altos, una vida de oración, meditación o rezos permanentes. Es para los espíritus de los seres, llamados a ser instrumentos de bendición y mensajeros de paz, amor y armonía.

Expresión humana:

Esta esfera involucra a todos aquellos cuyo don es la creatividad y las manifestaciones artísticas. Ahí cuenta mucho la creatividad, la inventiva y la ensoñación. Estamos hablando de artistas que utilizan sus manos, sus palabras, su voz y sus ideas.

En esta esfera, están las personas que construyen y aportan a la cultura y a las naciones. Normalmente, son personas que disfrutan el estar solos, o pasan horas y horas inmersas en su arte o práctica. Curiosamente en esta esfera, no siempre se logra el éxito, muchos personajes soportan hambre, son desconocidos, algunos terminan recibiendo reconocimientos o la valoración de su arte en los últimos años de su vida o después de muertos. Lo que les importa a estas almas es ser libres a su manera y nunca renunciaron a sus sueños.

Ejercicio creativo:

Ahora te invito:

- Busca siete hojas en blanco y a cada hoja, le pones el nombre de cada una de las siete esferas.

- Luego empiezas a creer, que has sido llamado a vivir y manifestar tu propósito en esa esfera. Entonces, te inventas una historia en que estés involucrado; describe como vivirás y serás, sintiéndolo y habitando con éxito en cada esfera.

Al terminar de escribir las siete historias, ya tendrás claro cuál es tu esfera de propósito. Habrás fluido en la historia con mayor facilidad. Verás que todo tuvo sentido con tu propia historia, con tus talentos naturales y tus sueños. Estarás listo para seguir adelante en este proceso para descubrir tu propósito.

Capítulo 5

APOSTÁNDOLE A LA PLENITUD

Te preguntarás, ¿qué tiene que ver el equilibrio con la búsqueda del propósito?

La búsqueda del equilibrio es la respuesta y el mayor acto de madurez que un ser pueda tener. Este equilibrio te afirmará en tu propósito, y te permitirá consistentemente vivir tu propósito; honrando a Dios y sirviendo a la humanidad, con tus dones y talentos.

La mayoría reconoce la importancia de tener equilibrio en esta vida. Pero, cuando llega una crisis, ya sea de la mediana edad, por enfermedad, o por exceso de trabajo, y justamente por alguna de esas causas, te ves forzado a estar en cama, teniendo tiempo para reflexionar sobre aspectos de tu vida y te das cuenta; que le has dedicado mucho tiempo a nimiedades, olvidándote de hacer lo más importante para ti.

Me identifico con lo que dijo Oliver Wendel Holmes[6] al expresar que:

---

6   Oliver   Wendel   Holmes   (Cambridge, Massachusetts; 29   de agosto de 1809, Boston, 7 de octubre de 1894) fue un médico de

"La mayoría de las personas van a sus tumbas, con su música, teniéndola todavía adentro".

Los seres humanos solemos ser hermosamente lindos y hasta hermosamente tontos. Muchos consumen la mayor parte de su tiempo trabajando, para generar dinero para comprar juguetes y pagar recibos. Luego cuando llega una de las crisis, sienten que los golpea y se quejan, y hasta dicen; "lo que me pasó, es porque no saqué tiempo para ser feliz, ni le aposté a la vida para ir en busca de mi propósito".

La búsqueda del equilibrio tiene que ver con la posibilidad de ordenar tu vida y las cosas que te rodean, de sacar tiempo para ti, de crecer y habitar conscientemente en todas las áreas o roles que desarrolles en tu vida.

Existe una herramienta del *coaching* que te ayudará mucho. Se conoce como "La Rueda de la Vida". Originalmente fue propuesta por Paul J. Meyer, fundador del Success Motivation Institute en los años 60. Luego ésta tomó mucha fuerza, bajo otros diferentes nombres.

La Rueda de la Vida, propone conseguir una sinergia entre el Ser, el Hacer y el Tener, que se manifiestan en doce áreas o roles de vida:

✓ Desarrollo Personal	✓ Espiritualidad
✓ Familia	✓ Pareja
✓ Amistades	✓ Emociones

---

profesión, que ganó fama como escritor y se convirtió en uno de los poetas estadounidenses más reconocidos del siglo XIX.

- ✓ Salud
- ✓ Finanzas
- ✓ Trabajo
- ✓ Físico
- ✓ Sexualidad
- ✓ Servicio

El dramaturgo Arthur Miller, en su obra, La muerte de un viajante, nos presenta a "Willy Loman" un personaje que lleva una vida desequilibrada al decidir vender su alma; enfocándose con todas sus fuerzas a la búsqueda de lo material, en su obstinación, él les pasa el mismo legado a sus hijos. Y en la historia Willy se suicida y después de su muerte, sus hijos expresaron: "Se equivocó de sueños".

Ojalá, no tengamos que vivir una historia tan trágica como la de este personaje. Yo creo que este es el tiempo correcto para hacerte cargo de tu vida. Desde ahora, has planes para mantenerte en equilibrio, honrando tu propósito de vida.

El autor Lloyd Reeb, en su libro "Del Éxito a la Relevancia", trata con excelencia, el por qué y cómo buscar el equilibrio. En ese libro, describe cual sería el otro momento, en que reconoceremos la importancia y el valor del equilibrio. Ese momento le llega a cada uno, cuando les parecemos a los demás, que somos exitosos y felices. Lo que ellos no saben, es que, desde el interior de tu alma, tu espíritu, grita: "Debe haber algo más… para mí, ¿Por qué siento este vacío?

Ahí comienzas a entender, que realmente requieres vivir feliz, viviendo plenamente tu propósito.

Capítulo 6

INTUICIÓN Y PASIÓN LOS ELEMENTOS DEL CORAZÓN

Según la Real Academia Española de la Lengua; la palabra propósito, proviene del latín *"propositum"* y uno de sus significados dice:

"Adecuado u oportuno para lo que se desea, o para el fin a que se destina".

Esta definición, es una buena entrada para este capítulo. Hablaré, de saber escuchar a tu intuición y tu corazón.

Según la definición de propósito; es algo que ya está enmarcado bajo un deseo humano profundo e invisible; el propósito ya está pintado en nuestros corazones, es la razón de ser, es el propósito único, del porque fuimos colocados aquí en la Tierra.

Me refiero, al poder que tenemos los humanos de construirnos y reinventar nuestra historia, aún desde nuestro peor fracaso.

La invitación es concreta; si partes de recordar la historia y sus principales hitos[7] hasta el día de hoy. Puedes acudir

---

[7] Consideramos Hitos en la Historia de la Humanidad a los grandes cambios en la sociedad y la cultura -descubrimiento e inventos- y los acontecimientos más importantes.

al poder de la reflexión y el autodescubrimiento, para conectarte con tu intuición, tu voz interior y tu corazón, para verificar, cuál es tu verdadero propósito.

Haré uso de lo que escribió Platón, en su Apología de Sócrates:

"Y sí os dijera, que una vida sin examen no es digna de ser vivida por un hombre".

Algunas personas pueden pensar que la intuición es cosa solo de mujeres. De hecho, la intuición es un don natural que tenemos todos los seres humanos; solo que en muchas ocasiones es ignorado, o no le prestamos suficiente atención, es lo también suelen llamar el instinto.

Cuando seas capaz de escuchar y ver tu propia belleza y grandeza interior, éstas conectando a tu intuición, es entonces que vas por el camino correcto, para ser uno contigo mismo.

La intuición es el lenguaje del alma, para mantenernos en el rumbo correcto, el del propósito para el cual fuimos diseñados.

Los historiadores dividen al pasado en Prehistoria e Historia. Dentro de cada uno, diferencian períodos que se denominan "edades".
Puede suceder que mientras un pueblo permanezca en una Edad, otros ya la hayan superado.
 El nacimiento de Cristo es el hito a partir del cual se organizan los años y los siglos.

Ejercicio de reinvención:

Busca un lugar calmado e inspirador para ti. Ten un tiempo en tu agenda, para estar contigo en una cita contigo mismo.

Para este ejercicio, necesitarás tener varias hojas en blanco, un esfero, un lápiz y varios de color. Dependiendo de tu estilo; tal vez utilizarás todos los lápices de colores.

Comencemos:

❖ En tres diferentes hojas; la primera la titulas, mi niñez, la segunda, mi juventud y la tercera mi adultez. Luego rememora cada una de estas tres etapas de tu vida y escribe en la hoja respectiva: cuales fueron tus cuatro mayores aciertos y cuatro de tus mayores equivocaciones.
❖ Ahora en otra una hoja, escribe cuáles aprendizajes te dejaron respectivamente.

Conclusiones de este ejercicio:
❖ ¿Qué aprendiste'? ¿Qué repetirías? ¿Por qué?
❖ Ahora, toma otra hoja y dibuja en ella tres círculos, pueden estar unidos o separados. En cada circulo, te invito a que coloques, la primera respuesta que recibas de tu corazón, que te llegará en forma de intuición. Las preguntas son:
    ✓ ¿Cuál es mi propósito de vida?
    ✓ ¿Por qué estoy en esta Tierra?
    ✓ ¿Para qué estoy aquí?

En esas respuestas intuitivas, ésta tu propósito de vida.

Preguntas de alineación:

Aprendí de mi mentor Paul J. Meyer, una gran lección cuando me dijo:

"Cuando todo este dicho y hecho, cada uno de nosotros dejara solo cuatro cosas: Memorias: pensamientos que otros tengan de nosotros. Recuerdos: las pruebas de nuestra existencia. Trofeos: Los registros de nuestros logros. Legados: Todo lo que uno es y posee hoy".

Fundamentado en esta gran verdad y en las cuatro cosas que él propone, finalizó este capítulo. Escucha tu intuición y a tu corazón, cuando respondas estas cuatro preguntas:

Memorias: ¿Qué pensamientos estoy dejando o generando hoy en las personas más importantes de mi vida?

Recuerdos: ¿Si, hoy muriera que pruebas perennes dejaría de mi existencia?

Trofeos: ¿Cuál sería la lista de mis diez mayores logros, en mi vida hasta hoy?

Legados: ¿Si, hoy muriera cual sería mi legado, o el regalo exacto que le dejaría a la humanidad?

¿Consideras que tu legado o tus semillas realmente perdurarán, o fructificarán aún varios años después de tu muerte?

Capítulo 7

EL PODER DE LA IRREVERENCIA

En la búsqueda personal sobre mi propósito, descubrí que la única forma real de acelerar el proceso es: ¡La acción! Lo tuve al moverme en diferentes direcciones, dándome la oportunidad de probar con muchas opciones.

También fue la mejor forma de saber para qué nací y para que soy bueno. Me di cuenta real de las cosas que disfruto, haciendo y siendo. A través de mi vida, he tenido el privilegio de conocer a muchas personas exitosas, felices y plenas. La mejor forma de saber cómo lo habían logrado, era conociendo sus historias; para ello tenía dos caminos: leer sus biografías o entrevistarlos cuando me era posible.

Así que me di a la tarea de hacerlo. Yo mismo me sorprendí, recordando lo que antaño pensaba; tal como lo hacen algunas personas, cuando expresan que hay quienes nacen con estrella y otros sin ella, que es cuestión de suerte, abolengo, buena o mala posición de la familia o del dinero.

¡Quejos estaba de la realidad! Al estudiar aspectos de la vida de algunos personajes y observando mi propia historia, descubrí: Que la excelencia, el éxito, la plenitud y la grandeza, no se construyen basados en la suerte, sino con el tesón y el trabajo, disciplina, pasión, amor, persistencia, consistencia y coherencia.

LOS DIFERENTES CAMINOS

Cuando las personas y los clientes me conocen, al verme ejecutando mi trabajo, tan apasionado y conectado con lo que hago, me dicen: Que les gustaría saber cuál es su propósito, otros me dicen que me envidian un poco. Creen que si supieran con claridad cuál es su propósito, todo les sería diferente.

Yo les respondo: Todo les será diferente, si se ATREVEN y si se mueven, convirtiéndose en buscadores apasionados, y si no se rinden. Si le dicen al Universo que no se van a quedar quietos y ni se darán por vencidos hasta tener claro cuál es su propósito.

En las biografías que leí y en las entrevistas que hice, me sorprendí al descubrir, como esas personas que yo veía exitosas y viviendo su propósito, no habían tenido una vida perfecta; por el contrario, afrontaron muchas dificultades antes de encontrar su propósito y desarrollarlo. La gran mayoría trabajó e hizo muchas cosas, hasta que encontraron exactamente la llave que los condujo al éxito. Aquí es donde está la enseñanza central de este capítulo.

LA VOZ DEL PROPÓSITO

Lo más fácil sería que nuestro propósito nos hablara directamente, que nos diera la respuesta con nombre propio y que nosotros lo pudiéramos escuchar con claridad entre los quince y los dieciocho años, pero esa no es la realidad.

Aunque la voz del propósito está siempre presente desde que nacemos. No es una voz audible, es una voz espiritual, es la voz del alma. La voz que se escucha cuando estamos listos, de tal manera que el propósito nos absorbe, nos llena y se hace uno, con nosotros.

¿QUÉ DEBO HACER ENTONCES?

No importa la edad que tengas, si realmente quieres descubrir tu propósito; este es el momento de ponerte en movimiento. Atreverte a no estar quieto, a darte la oportunidad de hacer muchas cosas, ya sea incursionando en la música, el arte, en deportes, buscar diferentes empleos, o iniciar diferentes negocios. El emprendimiento es básico, hay que hacerlo, aunque consideres que son locuras.

Trata, cada diez años de generar cambios significativos en tu vida, sal de tu zona de confort, prueba cosas nuevas, aunque pienses en cosas absurdas; atrévete, prueba, diversifica. Si fracasas, levántate y vuelve a intentarlo, hasta que la voz de tu propósito se haga uno contigo y puedas decir. ¡Lo logré!

Capítulo 8

ENCONTRÁNDONOS CON LA FELICIDAD

Me parece curioso que siendo nosotros seres de diseño divino y extraordinario, tendamos a conformarnos y confundirnos con cosas tan vanas como el dinero. No estoy diciendo que el dinero sea malo, el dinero, solo es dinero. Aunque a veces, algunos están tan influenciados respecto al éxito, por los prototipos que Hollywood le ha vendido, que piensan que la tarea de la vida consiste en: Nacer, crecer, estudiar, hacer lo que se dé la gana, acumular dinero y dinero… y morir.

Una vida con propósito es más que eso, es algo hermoso, significativo, profundo, peculiar y espiritual. La vida es un don de Dios, cada día es un milagro, es una nueva oportunidad para ser feliz y tocar la melodía interna con la que nacimos, hasta que otros la escuchen.

Hablando del tema de este capítulo, donde dice que lo importante en la vida es ser feliz, llega a mi memoria la historia de un campesino anciano y sabio, que sorprendió a los asistentes de un seminario, en el que un experto ponente trataba el tema sobre la relación existente entre los ingresos y la felicidad, que se llevó a cabo en la prestigiosa escuela de negocios de Wharton, Pensilvania en Estados Unidos. Al finalizar la presentación, el anciano le dijo algo muy profundo y trascendente:

"Escuché la palabra felicidad, pero no logro entender que relación debe tener ésta, con los ingresos. Tal como yo lo he visto y he aprendido, la felicidad tiene que ver con tres cosas: Amor, buena salud y un trabajo significativo".

¡Qué gran aprendizaje contiene esta historia! Hoy más que nunca, estoy al 100% convencido que nuestra mayor responsabilidad en la vida, además de encarnar nuestro propósito, es decidir realmente el hacernos felices a nosotros mismos, poniéndolo como una prioridad. Luego cuando seas feliz, haces todo lo posible para ayudar a los demás a ser felices.

LA FELICIDAD ESTA AFUERA DE LOS GUIONES

A medida que crecemos, lo que más nos frustra y separa de descubrir rápidamente nuestro propósito y ser realmente felices, son los guiones que desde la cultura o enseñanzas que recibíamos en forma de expectativas. Esta empieza a veces, cuando estamos terminando la educación media o el bachillerato, o cuando estamos listos para entrar a la universidad. En la búsqueda de la carrera ideal puedes enfrentarte con estas tres ideas:

- Lo que consideras que te gusta.
- Lo que tus padres quisieran y te recomiendan.
- Lo que consideras que te va a dar dinero.

Y cuando te dicen: deberías, quisiera que, lo correcto es, mira a…, o como tu… (nombrándote a un antepasado). Así, te colocan un guion y si lo aceptas, entras entre las personas que toman guiones de otros y no pueden ser felices.

Naciste para ser libre, para ser único, irrepetible, con una melodía específica que solo tú, puedes tocar.

FELICIDAD UNIVERSAL

Tuve el privilegio de vivir una experiencia con habitantes de la India. Allí están organizados por castas, acorde a las castas, tienen asignadas sus labores o trabajos. Pude observar, como ellos, sin depender del dinero que tuvieran o consiguieran, podían ser felices y hacían su trabajo con amor y máxima excelencia.

Conozco personas de numerosos lugares del mundo y de diferentes niveles económicos que son felices. También he visto a otros, que tienen muchísimo dinero y no son infelices; estarían dispuestos a cambiar todo el oro del Mundo, por su felicidad y pasar más tiempo al lado de su familia. He visto a personas con escasos recursos económicos, que son muy ricas espiritualmente y disfrutan de vínculos profundos y tienen buenas relaciones. Seres que son felices como son y con lo que tienen.

Así que, de ninguna manera puedes permitir que tu felicidad dependa de algo externo, porque todo lo externo va y viene. Si miras la historia de las culturas, de las Naciones y de las empresas, encontrarás que han pasado por momentos de abundancia y de escases.

La Felicidad es Espiritual:

La felicidad es un don de Dios, es un regalo espiritual, es algo invisible que nada tiene que ver con lo físico, con lo material, o con lo que no se ve.

"¿Quién es Rico? Aquel que es feliz con lo que tiene".

El Talmud.

"«Sea vuestro» carácter sin avaricia, contentos con lo que tenéis, porque Él mismo ha dicho: NUNCA TE DEJARÉ, NI TE DESAMPARARÉ:(Hebreos 13:5)

Biblia.

Si quieres ser sabio y aprender a ser realmente feliz, debes entender que la felicidad es una decisión interna, una actitud del corazón, un nivel de conciencia, una oración, la felicidad es 100% espiritual.

La Conclusión:

Esta invitación es sencilla, tienes que hacer lo que tengas que hacer, hasta que comprendas que la felicidad no depende de lo que poseas, ni de lo que logres, ni del dinero, ni del poder o de la fama. Por eso nunca más, te dejarás engañar cuando pienses en aquel dicho: "Seré feliz cuando..."

Simplemente, sé feliz, feliz y más que feliz, pase lo que pase y sea cual sea tu situación. Sé feliz porque sí. Sé feliz si tienes o no tienes. Sé feliz, si te duele o no te duele. Sé feliz, si te falta o no te falta...simplemente sé feliz, de eso se trata la vida.

Carlos Eduardo Sarmiento L.

Capítulo 9

EL SECRETO DE LA MALETA

Fijémonos entonces que nos rodean muchísimas personas que demostraron su fe. Corramos sin fallar la carrera que tenemos por delante. Quitemos de nuestra vida cualquier cosa que nos impida avanzar, especialmente el pecado que nos hace caer tan fácilmente.

Hebreos 12:1 Versión palabra de Dios para Todos PDT

En momentos de crisis que la hermosa vida nos suele regalar, por espacio de un mes reflexioné en dos preguntas que rondaban mi mente:

¿Qué es lo realmente importante en esta vida?

¿Qué es lo mínimo, que debo llevar en mi maleta, para estar listo para el viaje de la vida?

Para la respuesta de la primera pregunta, encontré que definitivamente lo importante en la vida es: ¡Todo aquello que el dinero no puede comprar! El sabio anciano, del capítulo anterior, lo definió bien al decir; que todo lo que necesitamos es, amor, salud y un trabajo que nos haga felices. Lo único que le agregaría, por mi filosofía de vida, es tener una relación con el Dios de la Creación, que nos permite disfrutar el poder de la eternidad.

Para la respuesta de la segunda pregunta, reflexioné bastante sobre la metáfora de viajar por el mundo, es un deseo común, un sueño que le gustaría realizar a la gran mayoría. Yo pensé, que la vida es como un gran viaje que puede durar aproximadamente 80 años o para algunos más, si puede tener más años.

Con la muerte de mi padre y de mi madre, también cavilé que de las cosas que más nos apegamos en esta vida, tienen un valor solo para nosotros y al morir, es posible que muchas de esas cosas adquiridas, o de los trofeos ganados, sean puestas en las basuras, donadas o relegadas en un lugar de una bodega o garaje.

Por sincronicidad del destino, en mi país, yo viajaba por una carretera encontré a dos viajeros internacionales, una joven alemana y un francés, que estaban en una travesía por cinco países de Suramérica, lo estaban recorriendo en bicicleta.

Lo que me causó curiosidad, fue ver el poco equipaje que llevaban consigo, en dos pequeñas alforjas que llevaban en la parte trasera de sus bicicletas a los dos lados de la rueda. Lo segundo que me llamó la atención, fue ver lo felices y plenos que se veían y se escuchaban.

En mi interior me preguntaba, sí me sería posible viajar con tan poco equipaje. ¿Y si la felicidad de ellos dependía de las pequeñas maletas que cargaban o de que estaban viviendo su propósito?

La magia de los aeropuertos:

Me encanta viajar y me gustan los aeropuertos, aprovecho el tiempo en las salas de espera, para mí son lugares interesantes donde puedo escribir. Existen cuatro ciudades muy interesantes, que valen la pena visitar, por supuesto sus aeropuertos son espectaculares.

El aeropuerto John F. Kennedy de Nueva York, USA, el Heathrow de Londres, Inglaterra, el Charles de Gaulle de Paris, Francia, y el más espectacular a mi criterio el Aeropuerto Changi en Singapur.

Cuando estas en un aeropuerto puedes aprender mucho y reflexionar, si te dedicas una hora a observar a las personas, podrías observar fácilmente dos criterios que te permiten ver la realidad de los viajeros. Una es su forma de vestir y la otra es su maleta. Las maletas hablan mucho de sus dueños y aún de sus propósitos, por eso ahora conversemos sobre cómo preparar las maletas.

Contenido equivocado:

Cuando viajas lo más frustrante que te puede pasar es perder tu pasaporte, además de que tu maleta se pierda. Afortunadamente a mí no me ha ocurrido, pero le pasó a un amigo. Él me contó su experiencia:

Cuando el avión en que iba mi amigo aterrizó en el Aeropuerto Internacional McCarran de Las Vegas, Nevada, en Julio, un mes de los más calientes en Estados Unidos. Mi amigo iba a participar en una convención de negocios. Después de tres horas, esperando su equipaje, le entregaron una maleta equivocada, que le pertenecía a un habitante de Anchorage, Alaska, uno de los lugares más fríos de Norteamérica.

La esposa fue quien le alistó la maleta, ella sabía lo que su esposo necesitaría, acorde al clima y le puso su ropa de verano. Mi amigo llegó al hotel, malhumorado por la tardanza y al abrir la maleta, vio que no era la suya, lo que contenía no le servía ni para asistir a su primer día de convención. En esa maleta venía solo ropa para usar en clima muy frío.

Aprovechó para contarles esta experiencia de mi amigo y así enriquecer el mensaje de este capítulo. Ahora los invito a ver que podemos aprender de esta historia.

Los viajes y los aeropuertos son como una metáfora de la vida, es un gran viaje, con muchas paradas y estaciones en diferentes climas, que representan los momentos de la vida, ya sean buenos, regulares o malos.

Las maletas, son un símbolo de los recursos o de la materia prima, que consideramos necesitar cuando vamos a asumir un viaje.

Cuando escribo de preparar maletas y el destino final a dónde quieres llegar, es importante en el propósito de este libro. El destino representa tu propósito o tu llamado.

Reflexiona en lo siguiente:

¿Qué pasaría si recibes una maleta, la más fina del mundo, conteniendo cosas hermosas, costosas y extraordinarias, y vas a hacer algo urgente y nada te sirve porque no son de tu talla?

¿Qué pasaría si tienes claro tu propósito o destino, pero permites que otra persona aliste tu maleta?

De viaje hacia tu propósito, tienes un accidente y se te pide que deseches la mitad del contenido de tu maleta, porque esa es la única manera de llevarte a tu destino final...

¿Qué harías y qué sacarías?

¿Cuáles no y por qué?

Volviendo a empacar:

Un ejercicio para sacar el máximo provecho de este capítulo. Asumo, que el lector que está leyendo este libro, tendrá como mínimo dieciocho años. Basado en esto, creo que ya tienes aprendizajes que te serán muy importantes.

Imagina lo siguiente: Estás a treinta días del viaje internacional de tu vida, y te vas a radicar en otro país en una gran ciudad (la de tus sueños) y solo te dan la posibilidad de llevar tres maletas, con la condición de que las tres deben ser empacadas únicamente por ti.

Te sorprendes, que al instante recibes en tu domicilio, tres maletas muy finas y nuevecitas, vienen acompañadas de una nota, que dice: Un regalo de tu familia, para que emprendas tan importante viaje.

En tu cuarto descubres que cada maleta tiene un nombre, recuerdas que solo tú, debes llevar en ellas lo que consideras realmente valioso e importantes.

Los nombres de las tres maletas:

Te dejo algunas sugerencias y preguntas para ayudarte en tu tarea de elegir que vas a colocar en cada maleta.

Maleta 1: Tu ocupación o labor.

Pon tus dones y talentos naturales. ¿Los estas usando en tu trabajo o labor actual?

Pon las cosas que más disfrutas hacer. ¿Disfrutas lo que estás haciendo, por ejemplo, cuando vas a trabajar y a estudiar?

El dinero que llevarás. ¿Lo que haces actualmente es más importante para ti, que el dinero que recibes a cambio?

El trabajo que presentarás con orgullo. ¿Tu trabajo actual, está sacando lo mejor de ti mismo?

El legado que dejarás. ¿Tu trabajo o labor actual, te permite dejar un legado a la humanidad?

Maleta 2: Tus relaciones más importantes.

Agrega los nombres de las cuatro personas más importantes en tu vida. ¿Ellas deben ir contigo en este viaje o prefieres hacerlo solo y por qué?

Agrega el nombre de la persona que más lo revitaliza, lo inspira, lo motiva. ¿Te hace sentir el ser más feliz sobre la faz de la Tierra, o ya te sientes feliz por ser quién eres?

Nombre de la persona que consideras que te hace falta tener cerca, para sentirte feliz. ¿Qué te hace declarar completamente que eres feliz y que estas pleno; esa persona o tu propósito?

Maleta 3: Tu entorno.

Describe como sería el lugar ideal de tu casa, y las características que tendrá. ¿Es lo que deseas para vivir feliz y realizado?

Ahora elige un lugar dentro de esa casa, solo para ti, como si fuera una casa en un árbol, donde juegan los niños. ¿Qué lugar sería el elegido, que cosas colocaría en ese lugar y por qué?

Imagina el clima, los vecinos, los colores, el entorno de tu nueva residencia. ¿Ahora que puedes escoger donde vivirías y cómo se verá tu entorno?

Capítulo 10

EL PODER DE LOS VALORES

Cuando estás comprometido con la búsqueda y afirmación de tu propósito, tienes que aprender a auto descubrirte; dentro de ti están las mejores pistas para manifestar tu propósito. El Propósito está dentro de ti, desde el día en que naciste.

Las puertas maravillosas al Propósito:

Los valores, realmente reflejan lo que te gusta vivir, es lo que te importa y tu esencia interior. Los valores tienen una directa correlación con tu propósito y tu llamado divino.

Reconocer e identificar tus valores, es el fundamento más significativo para lograr tu plenitud en la vida como ser íntegros y consistentes.

Esto lo vemos, cuando hemos intentado alcanzar o sostener metas o logros que realmente no van de la mano con nuestros valores internos. Entonces, o no las alcanzas nunca o te duran muy poco. Y ocurre porque para tu cerebro, espíritu y alma, algunas conductas o hábitos que tienes van en contra de tu esencia o diseño divino.

LA TRIADA DE LA VIDA PLENA

Después de años de estudio, aprendizajes, fracasos, aciertos y de tener el privilegio de apoyar y acompañar en procesos terapéuticos a muchas personas, descubrí que las más felices tienen en común tres elementos, que he llamado la Triada de la Vida Plena.

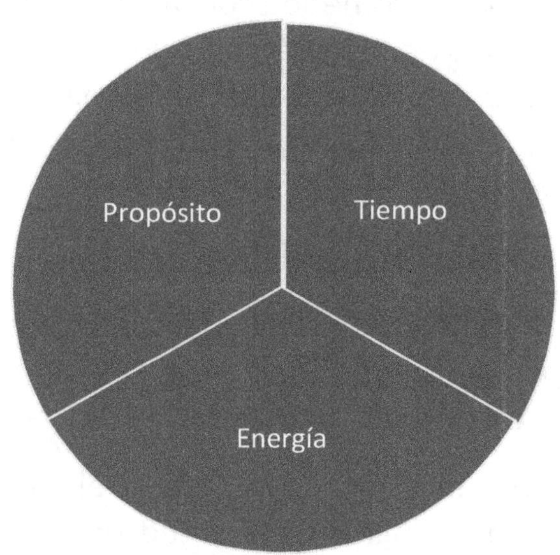

Estos tres elementos son:

El propósito: Es tu razón de ser, tu porqué y para qué. Está directamente relacionado con tus creencias, talentos y valores. Por eso los valores son tan relevantes y centrales.

El Tiempo: La vida es una suma de momentos en una línea de tiempo. Cuando las personas están muy enfermas o a punto de morir, no piden más talentos, más recursos, más fama o más dinero. Darían todo, por tener más tiempo. Es realmente importante saber que, a través de tus valores, te ayudarás a dedicarle tiempo a lo que realmente relevante.

La Energía: Los seres humanos, como todo lo que nos rodea somos energía. Para vivir una vida feliz, plena y con sentido, necesitas aprender a cuidar, mantener y manejar tu energía. Y será mejor, cuando estés alineado profundamente a tus valores personales.

DESCUBRIENDO MIS VALORES

Mi compromiso es proveerte de un ejercicio práctico para ayudarte a reconocer, encontrar y nombrar TUS VALORES de vida, los que te conectarán y te alinearán con tu propósito.

Dinámica:

A continuación, encontrarás una lista de verbos y palabras para que las leas y las sientas. En la segunda lectura, resalta o encierra aquellas palabras que te HABLAN, o te LLAMAN y se conectan contigo.

En este ejercicio, olvida "el debería", "las opiniones", "percepciones o guiones de otros". Lo único importante es tu esencia, tu espíritu, tu ser, conectado a cada una de las palabras que te llaman.

a) Encierra las que consideras que son UNA contigo.

Admirar	Adquirir	Alertar	Alterar	Amar
Animar	Apostar	Apoyar	Aprender	Articular
Artista	Asistir	Atento	Atraer	Atreverse
Aumentar	Avanzar	Aventurar	Belleza	Brillar
Buscar	Calificar	Calmar	Capaz	Catalizar
Causar	Comodidad	Compasivo	Completar	Comunidad
Concebir	Conceder	Conducir	Conexión	Confiable
Coherente	Construir	Contentamiento	Contribuir	Controlar
Crear	Cuidar	Darse cuenta	De mente abierta	Dedicado
Deleite	Deportes	Descubrir	Despegar	Destapar
Detectar	Devoción	Dicha	Dirigir	Discernir
Diseñar	Disfrutar	Diversión	Dominar	Educar
Elegancia	Emoción	Energizar	Enfatizar	Enseñar
Entender	Entrenar	Entretener	Esforzarse	Espiritual
Espontaneidad	Estándares	Estar conectado	Estar consciente	Estar despierto
Estar integrado	Estar presente	Estar vinculado	Excelencia	Experimentar
Exponer	Experto	Explicar	Facilitar	Familia
Fomentar	Fortalecer	Ganar	Gobernar	Glamour
Gracioso	Grandioso	Gratitud	Honesto	Honrado

Humilde	Ilumina	Imagina	Impacta	Influye
Informa	Inspira	Instruye	Integra	Inventa
Juega	Libertad	Levantarse	Liderar	Lograr
Limitar	Magnificar	Mejorar	Ministrar	Modelar
Observar	Original	Orquesta	Paciente	Pacifico
Pensativo	Perfecto	Perseverante	Persuasor	Perdonador
Placer	Planes	Preparación	Prevalecer	Proveer
Refinar	Regocijar	Reinar	Reír	Relacionarse
Religioso	Responsable	Reunirse	Romance	Salud
Santidad	Satisfecho	Seguridad	Sensaciones	Sensualidad
Sentir pasión	Ser espiritual	Ser tolerante	Ser sensible	Serenidad
Servicio	Sexo	Sinceridad	Sintetizar	Soñar
Superar	Sobresalir	Tierno	Transformación	Triunfar
Unidad	Unión	Valentía	Valor	Verdad
Vulnerabilidad	Visionario			

***En las casillas en blanco, escribe algunas palabras, que me hayan faltado y tengan sentido para ti.**

b) Ahora, de las que encerraste, quédate solo con 20

c) Y de las 20, quédate solo con 10

d) Por último, quédate con las 4 palabras que representen los valores más significativos y relevantes para ti.

Capítulo 11

ALINEÁNDONOS A NUESTROS TALENTOS

Los talentos son, las monedas de intercambio con que somos dotados desde nuestro nacimiento y vienen como parte del todo, incluidos en nuestro ADN. A cada ser humano se le entregan algunas monedas, a unos más que a otros menos.

Los talentos son regalos maravillosos que descubrirás y desarrollarás. Son los fundamentos o elementos importantes en cuanto al propósito se refiere.

Con nuestros talentos podemos hacer tres cosas significativas:

- ✓ Intercambiarlos por los recursos que necesitemos para vivir.
- ✓ Convertirlos en parte del propósito.
- ✓ Servir a los demás con ellos.

Según la Real Academia Española, dos de las definiciones de la palabra talento son:

- Inteligencia (capacidad de entender).
- Persona inteligente o apta para determinada ocupación.

Esto confirma que tienen dos connotaciones, la primera es que aunque tengas talentos desde tu nacimiento, mientras no los reconozcas y no los desarrolles de nada te servirán.

Lo segundo, todos los seres humanos somos inteligentes, y lo somos para determinada ocupación, profesión o arte. Y esto tiene que ver con el Propósito.

El autor y experto en Liderazgo John C. Maxwell en su libro "El talento Nunca es Suficiente", hace énfasis en nuestra responsabilidad personal frente a los talentos y nos muestra como el éxito o la excelencia, están garantizadas para aquellas personas que ya conocen y usan su talento.

Todos Tenemos Talentos o Aptitudes:

En tu vida, pudiste escuchar de alguien cercano decir: "que eras un bueno para nada", o es posible que a veces afrontes circunstancias y momentos difíciles en la vida, que te hagan pensar que Dios fue egoísta contigo y en cambio les dio talentos o dones a otros.

La realidad es que los seres humanos, somos diseños divinos perfectos y todos nacemos con dones y talentos específicos. En otras palabras, hemos nacimos para hacer una o dos cosas de manera extraordinaria. El talento es la materia principal del propósito.

"Nuestros talentos y dones, los vamos descubriendo y manifestando desde la niñez, son las primeras pistas de lo que será nuestro propósito en la vida".

Carlos Eduardo Sarmiento L.

DINÁMICA DE DESCUBRIMIENTO Y CONFIRMACIÓN DE TALENTOS:

Te mostraré algunas opciones, que te sorprenderán en cuanto a los talentos y dones que tienes; los que de pronto no recuerdas, no has visto, o no has trabajado en ellos. Sin el trabajo personal, te será imposible disfrutar y vivir el poder del propósito.

Parte A: MI LISTA DE "ME GUSTA"

A continuación, lee la lista de 42 actividades, dónde encontrarás las pistas a tus talentos y dones si no lo has descubierto. Estas, podrán ser los detonantes de nuevas ideas.

Hablar	Escuchar	Enseñar	Escribir	Caminar
Coser	Reparar	Analizar	Manejar	Navegar
Correr	Mentor	Leer	Pintar	Embellecer
Ganar	Servir	Sanar	Coleccionar	Persuadir
Explorar	Cocinar	Cantar	Ver televisión	Comer
Solucionar	Aconsejar	Editar	Dirigir	Producir

Diseñar	Acampar	Inspirar	Defender	Bailar

(Escribe en los espacios en blanco, las palabras que consideres importante incluir y que no estén).

Ahora, sobre la lista anterior, escribe las 10 cosas que más disfrutas hacer en la vida, y en las que consideras que el tiempo se te pasa rápido, que se te dan fáciles y realizas sin esfuerzo.

Parte B: MI LISTA DE "YO SOY"

Al igual que en la parte A, te encontrarás con algunas palabras guía, para ayudarte a encontrar las mejores actitudes que te describan.

Gentil	Amoroso	Gracioso	Consolador	Decidido
Inteligente	Valiente	Directo	Inspirador	Visionario
Osado	Optimista	Compasivo	Flexible	Práctico
Espiritual	Abierto	Generoso	Enérgico	Aventurero
Servicial	Confrontador	Sincero	Único	Intuitivo

(En los espacios en blanco, escribe las palabras que consideres importante incluir).

De la lista anterior, escribe las 10 palabras que más te identifican. Evidencia, ¿quién eres realmente? ¿Cuál es tu identidad y tu ser interior real?

Parte C: Mis Opciones de Ocupación o Profesión

Abogado	Actor	Agente de viajes	Arquitecto	Astróno mo
Autor	Barrendero	Bibliotecario	Bombero	Carnicero
Carpintero	Científico	Cirujano	Conductor	Contador
Chef	Dentista	Diseñador	Doctor	Electricista
Enfermero	Estilista	Farmacéuti co	Florista	Fotógrafo
jardinero	Granjero	Lavandero	Maestro de construcci ón	Mecánico
Mesero	Modelo	Oftalmólogo	Panadero	Peluquero
Periodista	Pescador	Pintor	Piloto	Plomero
Policía	Político	Profesor	Psicólogo	Psiquiatra

Recepcionista	Salvavidas	Sastre	Secretario	Soldado
Taxista	Trabajador social	Traductor	Vendedor	Veterinario
Ingeniero	Coach	Consultor	Artista	Cantante
Circense	Programador	Deportista	Bailarín	Músico
Criminalista	Joyero	Carpintero	Niñera	

(En los espacios en blanco, escribe las profesiones u ocupaciones que no estén y que te parecen importantes incluir).

De la lista anterior, escoge las 4 profesiones u ocupaciones que más sientes conectadas contigo y que crees se conectan con tu propósito y son tu pasión de vida. Ten presente las respuestas de tu lista de: "Me gusta"' y de "Yo Soy".

Capítulo 12

Reconociéndome

¿Qué tiene que ver la personalidad con la búsqueda del propósito en tu vida? Cuando termines de leer este capítulo tendrás más claridad.

Según el diccionario de la Real Academia Española, la personalidad es:

La diferencia individual que constituye a una persona y la distingue de otra.

¡Dios nos diseñó! Desde el momento de la concepción y el posterior desarrollo del feto en el vientre de nuestras hermosas madres, cada uno, llega a este Mundo con su propio ADN, el cual trae características, talentos y dones que nos hacen únicos y nos diferencian de los demás; es lo que llamamos personalidad.

En la rama de la psicología existen muchas herramientas de diagnóstico que nos permiten conocer y acercarnos a nuestra verdadera personalidad para desarrollar tendencias naturales en cada uno.

Algunas herramientas son: El 16PF, el DISC, el modelo de los Temperamentos y el MBTI. Como terapeuta y coach las uso todas, aunque encontré más profundidad y precisión en un estudio conocido como el ENEAGRAMA.

¿QUÉ ES EL ENEAGRAMA?

Es un modelo de conocimiento humano muy antiguo, que mezcla conocimientos con más de 1000 años de historia y los conceptos de la psicología moderna.

Este modelo es trabajado en diferentes culturas y religiones. En la religión católica es introducido a través de los Jesuitas, en el oriente por el sufismo y en Francia y España lo conectan con la cábala.

Fue George Ivanovich Gurdjieff[8], quien lo trajo al mundo moderno. A partir de ahí, se hizo conocido por el trabajo de Oscar Ichazo, Claudio Naranjo, Richard Riso, Helen Palmer, Russ Hudson y A.H. Almaas.

El eneagrama, está representado por una gráfica particular conformada por tres partes que representan:

---

[8] Nacido en la Armenia rusa, G. I. Gurdjieff, buscó en las fuentes ancestrales las respuestas a las preguntas fundamentales del ser humano. Sus planteamientos constituyen un revolucionario y coherente cuerpo de ideas interrelacionadas, que guían al auténtico buscador por el camino de la evolución consciente. Figura mística y polémica, el "Tigre de Turkestán" dejó un poderoso legado orientado al despertar de las conciencias dormidas. Esta tradición, compleja y rigurosa, tiene seguidores y detractores en todo el mundo.

Un Circulo: Elemento geométrico perfecto que incluye lo absoluto, lo material y lo espiritual. Simboliza unidad, plenitud, totalidad.

Un triángulo: Que representa la inteligencia superior y simboliza los tres atributos divinos: La Fuerza, Belleza y Sabiduría. También representa las tres leyes universales fundamentales que regulan toda manifestación y son:

- La ley de la unidad: Todo surge y tiende a la unidad, porque lo creado lleva en su interior la semilla de su creador.
- La ley de la correspondencia: Como arriba, así es abajo.
- La ley de semejanza: Lo semejante se atrae.

El Hexagrama: Es una figura que en conexión con el círculo, se refiere a la ley del siete o ley de la octava. En esta conexión del hexagrama con el círculo quedan representados los nueve eneatipos de los que habla el eneagrama.

Todos tenemos un poco de los nueve eneatipos, y por cuestión de nuestro entorno, y las personas que están a nuestro alrededor, nos identificamos con uno específico, el más representativo a nuestra esencia.

¿POR QUÉ EL ENEAGRAMA ES UN MODELO DE NUESTRA PERSONALIDAD?

En mi experiencia pienso que es la prueba o modelo más antiguo y me encanta porque es muy preciso, además nos muestra tal como somos; con nuestras mejores cualidades y nuestros peores defectos.

Entrar en este mundo maravilloso del Eneagrama, es algo que lleva tiempo, reflexión, conciencia y trabajo personal, de ninguna manera lo alcanzaremos a hacer en este capítulo. Buscaré darte un acercamiento para que uses esta herramienta y sus nueve eneatipos, puedas entender su correlación con tus características y tendencias de comportamiento. Encontrarás algunas sugerencias específicas para cada eneatipo, sobre cuáles serían las profesiones o artes correspondientes a tu eneatipo, te servirán para que identifiques y tengas más claridad sobre las pistas que están presentes en ti, precisamente, eso conecta con el poder de tu propósito.

¿CÓMO APLICO LA PRUEBA? ¿QUÉ ENEATIPO SOY?

La prueba del Eneagrama es de aplicación libre, así que le invito a buscarla en el internet, si no la encuentra escríbame un email a:

carloseduardoscoach@gmail.com, solicitando su eneatipo del Eneagrama y te enviaré un diagnostico que le permitirá conocer cuál es.

¿CUÁL ES EL OBJETIVO DEL ENEAGRAMA?

El eneagrama es una herramienta que busca cinco cosas específicas:

1. Ayudarte a conocer mejor.
2. Despertar a tu realidad (lo mejor y lo peor de ti).
3. Darte información de mejora y cambio.
4. Ayudarte a entender quién eres.
5. Ayudarte a saber hacia dónde vas.

UN ACERCAMIENTO A LOS NUEVE ENEATIPOS DEL ENEAGRAMA:

UNO: Perfeccionista, ordenado, íntegro, meticuloso, estructurado, ético y moralista.

PALABRA CLAVE: Intolerante

ÁREA CRÍTICA Y DE DESARROLLO: IRA

DOS: Servicial, cálido, generoso, amigable, complaciente, sentimental, compasivo, manipulador y dependiente.

PALABRA CLAVE: Paternalista

ÁREA CRÍTICA Y DE DESARROLLO: SOBERBIA

TRES: Ejecutor, seguro, práctico, activo, competente, ambicioso, protagonista y vanidoso.

PALABRA CLAVE: Desempeño

ÁREA CRÍTICA Y DE DESARROLLO: ENGAÑO

CUATRO: Creativo, artista, original, intuitivo, intenso, temperamental, romántico.

PALABRA CLAVE: Crítico

ÁREA CRÍTICA Y DE DESARROLLO: ENVIDIA

CINCO: Observador, inteligente, curioso, solitario, independiente, frío, reservado y analítico.

PALABRA CLAVE: Eminencia Parca

ÁREA CRÍTICA Y DE DESARROLLO: AVARICIA

SEIS: Leal, cauteloso, obediente, escéptico, indeciso, responsable y confiable.

PALABRA CLAVE: Controlador

ÁREA CRÍTICA Y DE DESARROLLO: MIEDO

SIETE: Ingenioso, aventurero, hiperactivo, rebelde, superficial, optimista, soñador y divertido.

PALABRA CLAVE: Innovador

ÁREA CRÍTICA Y DE DESARROLLO: GULA

OCHO: Líder, decidido, poderoso, impulsivo, controlador, protector, acierta y es impositivo.

PALABRA CLAVE: Autoritario

ÁREA CRÍTICA Y DE DESARROLLO: LUJURIA

NUEVE: Tranquilo, mediador, distraído, conciliador, adaptable, conformista, relajado y necio.

PALABRA CLAVE: Anti-conflicto

ÁREA CRÍTICA Y DE DESARROLLO: PEREZA

LOS ENEATIPOS Y SUS TENDENCIAS DE OCUPACIÓN O CARRERA (NUESTRO PROPÓSITO)

Ahora les compartiré las posibles ocupaciones, artes o profesiones, que conectan cada uno de los eneatipos:

UNO: Maestros, jueces, procuradores, abogados, médicos, contadores y músicos.

DOS: Enfermeras, secretarias, peluqueras, trabajadores sociales y psicólogos.

TRES: Ejecutivos, vendedores, actores, modistas de alta cultura y modelos.

CUATRO: Artistas, arquitectos, pintores, poetas y escritores.

CINCO: Científicos, ingenieros, investigadores, informáticos, médicos, forenses, bibliotecarios y escritores.

SEIS: Funcionarios públicos, sacerdotes, psiquiatras y policías.

SIETE: Creativos, novelistas, publicistas, deportistas de alto riesgo.

OCHO: Líderes, jefes de equipo, directores, altos cargos y mandos militares.

NUEVE: Mediadores, amas de casa, educadores infantiles, cocineros y jueces de paz.

Capítulo 13

MENTORES EN EL CAMINO

Tener mentores en nuestra vida, es un regalo al que todos podemos acceder y es vital a la hora de trabajar y desarrollar nuestros talentos y dones, para liberar nuestro máximo potencial enfocados en la manifestación total de nuestro propósito.

La palabra mentor proviene de la obra Odisea de Homero. Cuando Odiseo (Ulises en la versión latina) se prepara para pelear en Troya, se da cuenta que dejará solo a su único hijo Telémaco, Homero reconoce la importancia de dejarle un instructor para que le enseñe y lo acompañe mientras él no está. Decide usar como instructor a un amigo a quien conoce bien y le llama mentor.

Hoy conocemos más este término desde dos escenarios:

- El primero, es desde la educación: En algunas instituciones suelen asignar mentores, para ayudar en el desempeño escolar a niños, adolescentes y jóvenes.
- El segundo, es en el mundo empresarial: Donde las empresas muy grandes, suelen solicitar a los directivos o gerentes que están por retirarse de sus actividades laborables, para que sirvan como

padrinos o mentores de las nuevas generaciones de empleados, que posean perfiles prometedores y de buen desempeño en la compañía.

CARACTERÍSTICAS DE LOS MENTORES:

Lo que cada uno debe buscar en los mentores que escojan es:

- Experiencia en lo que específicamente te va a monitorear.
- Que posea madurez y sabiduría.
- Apertura para enseñar y que tenga interés en dejar un legado.

Busca un mentor que tenga un historial de éxito y un desempeño excelente en el área específica que estás buscando. Fíjate que al mismo tiempo tenga experiencia en el oficio o profesión que anhelas aprender, y tenga conocimiento y fundamentos firmes.

TIPOS DE MENTORES:

En el transcurso de nuestra vida, tendremos la posibilidad de contar con dos tipos de mentores:

MENTORES OBLIGADOS: Son personas que no has elegido, pero algunos te acompañan por un tiempo corto, otros por períodos largos para proporcionarte lo mejor de sí, en cuanto a enseñanzas, principios, disciplinas, historias y regaños se refiere. En esta rama están nuestros padres, familiares y docentes.

MENTORES ESCOGIDOS: Son los que escogemos siendo adultos. Los buscas una vez que tienes identificado tu propósito, sueños, metas, inclusive tus áreas débiles.

LOS MENTORES EN MI VIDA:

Debo reconocer que siempre he sido muy bendecido. Dios me ha permitido tener a los mejores mentores. Tengo claro el alto valor de contar con mentores idóneos en mi vida.

Entre mis mentores obligados cuento con cuatro personas específicas: Mi padre, mi madre, mi tío Dagoberto y mi abuelo materno Hernando.

Entre mis mentores escogidos, la lista es larga y significativa: Comencé con un profesor norteamericano llamado Frank Albresh. Él me dio clases de resolución de conflictos, en un seminario Anabautista, contaba con veinte años y estudiaba teología, cuando él me retó a que de ninguna manera, dejara mis estudios a medias y me invito a descubrir mi propósito y a ponerlo al servicio de Dios.

Luego el pastor brasilero, José Satirio Dos Santos, presidente de la iglesia de las Asambleas de Dios en Cúcuta, Colombia, me inspiró y me acompañó en el proceso de prepararme con excelsitud para Dios, al mostrarme como podía hacer cosas de excelencia empresarial con visión de reino.

Después de la muerte de mi madre, el rumbo de mi vida cambió, pasé de estar trabajando de tiempo completo en una iglesia como líder de jóvenes, a trabajar como conferencista y tallerista en la Cámara de Comercio de Bogotá. Conectado con el mundo empresarial, busqué otros mentores a través de libros, audios, seminarios, talleres, entrenamientos y certificaciones.

Entre ellos: Dale Carnegie, John C. Maxwell, Peter Drucker, Jhon T. School, Sthepen Covey, Jim Kouzes y Barry Posner.

A medida que aprendía y desarrollaba bases sólidas como consultor y conferencista, me nutrí de mentores como: Peter Senge, Víctor Frank, Erich Fromm y Joseph O'Connor.

En mi formación como psicólogo y terapeuta, fui inspirado por William James, Abraham Maslow, Albert Bandura y Daniel Kahneman.

Tuve cuatro mentores sobresalientes y significativos: Paul J. Meyer, Fredy Kofman, Bob Proctor y Anthony Robins.

Para mí el más grande, el mentor de mentores, mi gran amigo y maestro es Jesús.

Estimado lector ahora es su turno para ser inspirado, retado y acompañado por mentores significativos, que elija a partir de hoy; acorde a su búsqueda personal, necesidades y propósito.

Capítulo 14

EL PODER DE OTRA PERSONA EN NUESTRA VIDA

Este concepto de entrenamiento es fundamental, a la hora de buscar tu plenitud en la vida para dejar un legado a otros. Poner al servicio de la humanidad nuestros dones y talentos, es una ofrenda al creador.

La importancia de este entrenamiento existe en dos áreas:

La primera es como escritor. Traigo a colación lo que decía Gabriel García Márquez, Premio Nobel de Literatura y orgullo de mi país. "La única forma de aprender a escribir es escribiendo. Escribe todos los días, algo, sin importar si te gusta o no, porque con esa práctica se va desarrollando el escritor que llevas dentro".

Comprendí lo que deseaba ser, un gran lector. Lo que leyera, sería un entrenamiento para mis dones y talentos.

La segunda. Aprendí el poder del entrenamiento y puse atención a mi salud, en ese tiempo tenía sobrepeso, y con ello llegaron varias situaciones que se presentaron en cuanto a mi salud. Acompañado de mis procesos personales, en donde recibía terapias y coaching, fui elevando mi nivel de conciencia y entendí la importancia de tres factores relevantes para la salud: La alimentación, el ejercicio y la respiración. Para trabajar con éxito los tres, debí mantenerme en entrenamiento permanente.

Como coach, terapeuta y escritor, frecuentemente suelo identificar y conectar mis experiencias de vida con metáforas. Entrenarme es para mí, una metáfora del poder de la disciplina y la persistencia.

Hoy, la mejor palabra que representa entrenarse es la palabra repetición. La repetición, es un modelo maravilloso de aprendizaje y de transformación interna y externa.

"El aprendizaje es hijo de la repetición. Significa que la repetición es una poderosa herramienta para la enseñanza. Mediante la repetición, una idea nueva se convierte rápidamente en una convicción".

Robin Sharma

Desde que me entrené como coach de vida, en mi primer proceso comencé a voltear los ojos aprendí muchísimo de los deportistas de alto desempeño. Muchos de ellos logran lo que todos buscamos en la vida; ser ganadores y obtener preseas doradas, reconocimiento, trofeos o dinero para tener el poder de comprar lo que queramos y disfrutar de la vida al lado de los que amamos.

Trabajando con clientes de diferentes edades y niveles socioeconómicos, descubrí que la mayoría tienen en su historial capítulos de éxito y triunfo, en algún área de su vida. Sucede luego de varios años, ellos mismos piensan que nunca triunfaron. Entonces, tuve un *insight* y entendí que uno de los problemas en los seres humanos, es que asumen la vida como pequeñas batallas o como partidos individuales. Eso hace que se conformen con algunos triunfos y éxitos, pero no con la regularidad y consistencia con que lo buscan los deportistas de alto desempeño.

De igual forma, percibo que muchas personas han utilizado el poder del entrenamiento en algún momento de sus vidas. Eso los llevó a lograr algunos éxitos específicos. Pero, al pasar los años se acomodaron y se quedaron en su zona cómoda, y ahora se preguntan: ¿Por qué aquello que los llevó al éxito, no los mantiene en el mismo éxito?

Luego, por sincrodestino, al entrenarme en Coaching Ejecutivo y de Negocios, conocí un modelo para empresas norte americano, que se llama: El Atleta Corporativo, creado por Jim Loehr y Tony Schwartz, quienes descubrieron, lo mismo que yo descubrí. Ellos crearon en ese programa, los principios y modelos de los deportistas de alto desempeño, para enseñar a los ejecutivos y directivos de grandes empresas.

Mi invitación para que logres la plenitud en tu vida es: Descubrir tu propósito y honrarlo, lo cual demandará acción, entrenamiento y consistencia.

La vida es corta, es hermosa y valiosa como para improvisar. Por eso debemos tratar la vida como si fuésemos deportistas de alto desempeño que iremos a los juegos olímpicos. Es importante que asumas con responsabilidad tu entrenamiento, éste debe ser serio, profundo y constante. Te deberá durar el resto de tu vida.

Capítulo 15

TODOS NECESITAMOS TENER TESOROS

"Cuando cambias la manera en que miras algo, lo que miras cambiará"

Wayne Dyer

De niño, me encantaban los programas de piratas, me gustaba jugar a la búsqueda del tesoro. Curiosamente, este es un juego que cubre tres necesidades naturales de los seres humanos.

❖ Soñar
❖ Buscar
❖ Ganar

Los seres humanos, por naturaleza somos soñadores, buscadores y nos encanta ganar. Así que este juego resulta muy interesante cuando estamos creciendo. De adultos, también pareciera que seguimos jugando; al volvernos buscadores de respuestas de la fórmula perfecta para hacer dinero, buscar un trabajo idóneo, nuestra pareja ideal, o cuando queremos saber para qué fuimos colocados en la Tierra.

Les quiero compartir, lo que a mi criterio son los cuatro tesoros de la vida: El concepto de los cuatro tesoros surgió después de haber fracasado en varios negocios. Me encontraba soltero y seguía en mi búsqueda espiritual.

Me preguntaba: ¿Si yo podría encargarme de cuidar y mantener en mi vida, cuatro cosas que me permitieran ser feliz la mayor cantidad posible del tiempo, a pesar de todas las cosas que me pasaran o que yo no pudiera controlar? Mi respuesta fue la siguiente:

Los cuatro tesoros de la vida:

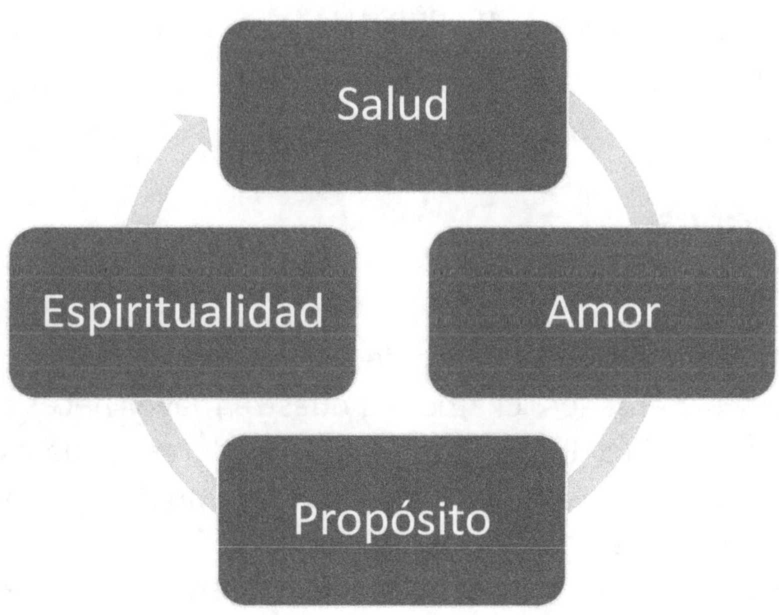

Tesoro UNO

La Salud:

Definitivamente, es claro que todos terminamos valorando como el mayor tesoro de la vida nuestra la salud. Lo triste es, que solemos reconocerlo cuando ya han llegado los años y cuando no siempre se puede recuperar, o sanar los daños que te has hecho durante largo tiempo. La salud, es un maravilloso y hermoso tesoro que no tiene precio. Para lograr una salud óptima, existen estas tres cosas: La alimentación, el ejercicio y la salud mental.

"La salud, es el regalo más grande, la satisfacción de la mayor riqueza, la fidelidad de la mejor relación".

Buda.

Tesoro DOS

El Amor:

Estoy firmemente convencido, que todos nacimos para amar y ser amados. El amor es nuestra mayor necesidad, después de la salud. El amor es tan poderoso, que es un elixir milagroso; sana, apoya, renueva, impulsa, motiva y sostiene. Si estás rodeado de personas que te amen y reciban tu amor, no existe problemas en la vida que no puedas resolver.

"Pensar que el amor nos salvará, que resolverá todos nuestros problemas y nos proporcionará un continuo estado de dicha o seguridad, solo nos mantiene atascados en fantasías e ilusiones y debilita el auténtico poder del amor, que es el poder de transformarnos".

Jorge Bucay

Tesoro TRES

El Propósito:

Qué gran privilegio y regalo me ha dado Dios, al permitirme descubrir en mi vida, mi propósito. Y encomendarme que una parte de mi propósito es ayudar a la mayor cantidad de personas en el Mundo, a que descubran su propósito para que sean felices en todas las áreas de sus vidas.

El propósito, es el tercer tesoro. No encontraremos personas felices y plenas, que no estén viviendo su propósito en servicio de los demás. Después de nacer, el mayor regalo que todos podemos recibir de Dios y de la vida, es saber para qué nacimos.

"La mayor tragedia en la vida no es la muerte, sino una vida sin un propósito."

Myles Munroe

Tesoro CUATRO

Espiritualidad:

Después de tener los tres primeros tesoros, lo único que nos falta para estar completos es la espiritualidad. Cuando somos espirituales, estamos reconociendo nuestra verdadera identidad, en nosotros existe la divinidad. Somos seres espirituales teniendo una experiencia humana, creados y diseñados a imagen y semejanza de Dios. Fuimos colocados en la Tierra para ser líderes y gestores de desarrollo. Para lograrlo y poder sostenernos en los momentos difíciles de la vida, que son inevitables e importantes, aunque nos cueste entenderlo en esos momentos, la espiritualidad es fundamental.

La espiritualidad nos habla de cuatro prácticas: Aceptar, amar, perdonar y servir. Si ya lo sabes y estás dispuesto a hacerlo para ti mismo y para otros, estarás listo para crecer y trascender.

"Uno de los grandes indicadores de nuestra espiritualidad se revela en cómo respondemos a las debilidades, inexperiencias y acciones potencialmente ofensivas de los demás".

David A. Bednar.

Capítulo 16

CONSTRUYENDO MI PRÓPOSITO

"En nuestro interior hay un propósito fuerte, firme y si fracasamos en llevarlo a cabo, nos habremos perdido para siempre".

"El corazón es un cazador solitario"

(1940), Carson McCullers

Te felicito y reconozco en ti, la grandeza, si has leído el libro hasta aquí, tienes un PROPÓSITO único, particular y que solo tú puedes cumplir.

Cada ser humano, tiene una historia que contar, un canto que cantar y algunas personas que tocar. La vida siempre te será más maravillosa y significativa, una vez hayas descubierto cuál es tu propósito de vida.

Tu propósito tiene que ser trascendente, profundo y significativo para ti. No importa si los demás lo ven como algo trivial; tú fuiste diseñado para este propósito.

Cuando estés redactando tu propósito, trata de que sea lo más corto posible y tenga una significancia profunda para ti y lo puedas memorizar en tu mente y grabar en tu corazón.

Si es la primera vez que vas a trabajar en la redacción de tú propósito, es posible que:

- Aún no tengas claro cuál es tu propósito.
- O que pienses que no tienes propósito.
- Que no sepas como escribir tu propósito
- Que cuando lo escribas, sea un texto muy largo y te parezca que no tiene sentido.

¿Qué es el Propósito?

El propósito, es esa razón única, por la que fuiste colocado en la Tierra, el propósito es el por qué y el para qué de tu vida. El propósito te da sentido, motivación, inspiración, dirección y te ayuda a entender que sí, vale la pena dar todo de ti. Persiste cuanto sea necesario, hasta que logres manifestar tu grandeza, la liberación de todo tu potencial y la plenitud de tu propósito.

Te he sumergido en un mundo de reflexión y aprendizaje, y has tenido la posibilidad de hacer varios ejercicios de autoconocimiento, que te habrán dado algunas luces sobre tu propósito. Ahora te comparto algunas preguntas que suelo trabajar con mis clientes, en la búsqueda de sus propósitos.

Preguntas para comenzar a delinear la redacción de tu propósito:

- ¿Si pudieras dedicarte el resto de tus días en la Tierra a hacer una sola cosa, a que te dedicarías?
- ¿Cuáles son las dos actividades que te generan mayores momentos de fluidez, felicidad y que has sentido que disfrutas tanto que las harías gratis, y que cuando las haces, te alejan de la perspectiva del tiempo?
- ¿Cuáles son los cuatro valores, que siempre defiendes?
- ¿Si pudieras servir, ayudar o apoyar a un tipo de población específica, a quien quisieras ayudar?
- ¿Cómo y de qué forma puedes utilizar tus talentos y dones para servir a la humanidad?
- ¿Cuál es el trabajo de tus sueños?
- ¿Qué cosa creo, que solo yo puedo hacer con gran maestría, facilidad, que disfruto y se me da sin ningún esfuerzo?

Los tres caminos a la redacción del propósito:

He encontrado tres líneas comunes. Son mis propuestas para que puedas redactar el propósito de tu vida y decidas cual es la que más se conecta contigo, la que más te ayudará a que redactes tu propósito de vida.

Camino UNO

El Epitafio

Un ejercicio común que por primera vez llegó a mí, sucedió al leer a Sthephen Covey, en su libro, Los Siete Hábitos de las Personas Altamente Efectivas.

Es para que pienses por un momento, que ha llegado el día de tu muerte y tu estás observando desde el aire, el momento en que te entierran y puedes mirar y leer el mensaje que está en tu epitafio. Gracias a Dios, hoy estás vivo, la reflexión es para que te enfrentes a ese momento y que escojas hoy mismo, que es realmente lo que quisieras que se escribiera en tu epitafio.

Camino DOS:

La hoja en blanco

Toma una hoja en blanco y comienza a escribir frases cortas, las que se te ocurran y que correspondan a tu propósito. Inténtalo muchas veces, hasta que te sientas identificado y conectado con una de esas frases, la cual podrás luego refinar y ajustar, hasta que la conviertas en algo memorable para ti.

Camino TRES:

Honrando personas y honrando la vida

En varias hojas en blanco y cada una las titulas con el nombre de las personas, con quienes tengas las relaciones más importantes de tu vida. Luego debajo cada nombre escribe la respuesta a esta pregunta: ¿Cómo crees que cumplirías tu propósito, antes de morir, en cuanto a esta persona?

Ejemplo:

- ¿Cumplí mi propósito como ESPOSO?
- ¿Cumplí mi propósito como HIJO?
- ¿Cumplí mi propósito como PADRE?
- ¿Cumplí mi propósito como PROFESIONAL?
- ¿Cumplí mi propósito como HIJO DE DIOS?
- ¿Cumplí mi propósito PARA MI MISMO?

Nota: Si no has cumplido aún, pregúntate: ¿Cómo podría cumplir con…?

Deseo inspirarte y darte un recurso guía, de algunas redacciones de propósito de varios seres maravillosos, incluyendo mi propio propósito:

"Hacer que el día que me vaya de este Mundo sea un mejor lugar que cuando lo encontré, para los caballos y también para las personas".

Monty Roberts

Autor del hombre que susurraba a los caballos.

"Elevar la conciencia humana a través de los negocios".

D.C Cordova

Cofundador de la Excellerated Business School.

"Inspirar a la gente y darles fuerza para que alcancen su destino".

Robert Allen

Coautor de Millonario en un Minuto.

"Servir humildemente al Señor siendo un amante, alegre, fuerte y apasionado, ejemplo de la alegría absoluta que se encuentra, cuando reconocemos los dones de Dios y amamos sinceramente y servimos a todas las criaturas".

Anthony Robbins

Autor y Coach internacional.

"Mi propósito en esta Tierra es ayudar a otros a reconocer, desarrollar y usar las habilidades que Dios les dio para calmar el dolor y crecer en el bien, amor, compasión y sabiduría".

Char

"Mi propósito de vida es ser feliz, mientras disfruto una relación con Dios y con mis seres queridos, mientras impacto a más de 10 millones de latinoamericanos, al ayudarlos a descubrir su propósito, conocer a Dios y ser exitosos en todas las áreas de su vida".

Carlos Eduardo Sarmiento L.

Manos a la Obra:

Leer y aprender de otros, es inspirador y positivo. Lo extraordinario ocurre, cuando soy yo mismo el que cree y el que crea para mí mismo. La vida más importante y el ser más significativo de la Tierra, eres tú mismo. Así que ahora llegó tu turno, el balón está en tu cancha, comienza a escribir tu propia versión de tu PROPÓSITO PERSONAL.

Capítulo 17

ELIMINANDO LOS MIEDOS

No existe nada más limitante que el miedo; es el mayor adversario de tu propósito, el temor te sabotea. Sí permites que permanezca en tu vida, te inmoviliza y no te deja fluir para disfrutar la vida y ser feliz. ¡Vive el propósito y libera tu potencial!

El miedo es un elemento en nuestra vida y siempre estará presente, pero debes entender que existen dos tipos de miedos:

Los miedos que eliges conscientemente o debido a un trauma: Esos son los que te alejan de tu esencia, propósito y felicidad.

Los miedos intuitivos: Te son dados como herramientas de supervivencia, se originan en tu cerebro como respuesta a ciertos estímulos que denotan un peligro y son los que se disparan cuando estás frente a un inminente riesgo.

Los miedos que dispersan el propósito

Existen miedos comunes, que se pueden manifestar en ti. Sí no los afrontas, te impedirán liberar tu potencial, descubrirlo y vivir tu propósito.

Asume el ROL de PROTAGONISTA de tu vida, de tal manera que no permitas que ningún miedo te impida ser feliz y disfrutar de tu propósito.

El miedo al fracaso: Cuando no quieres sentirte desilusionado, ni ser criticado, ni juzgado.

El miedo al éxito: Te gusta vivir de lo que has conseguido hasta hoy, prefieres la zona cómoda y no te crees merecedor de algo bueno. Puedes tener una percepción equivocada del éxito o no sabes cómo alinearlo con tus valores.

El miedo a la muerte: Es el miedo al futuro, a equivocarte, a no poder hacer lo correcto, a repetir la historia de tus padres, adquirir una enfermedad hereditaria o morir sin haber tocado tu propia melodía.

El miedo al compromiso: Está presente en personas que tuvieron experiencias traumáticas y tristes, en su niñez y en su familia. Donde no vieron, ni tuvieron vínculos fuertes con las personas que amaban, tal vez sufrieron abandono o vivieron con un solo padre. También se presenta, cuando sufres mucho en la primera relación emocional de joven o adulto. Así la elección inconsciente es evitar el compromiso y la cercanía profunda con otras personas.

El miedo a caerse: Este miedo se manifiesta desde que eras bebé, es simbólico en cuanto a no tener un piso sólido al no saber caminar, no te gustaba el vacío y eso te generó inseguridad, no tenías el control.

El miedo a hablar en público: Éste es un miedo muy común, generalizado en la gran mayoría de las personas; se relaciona con la confianza personal, es la no aceptación, por no tener claridad sobre el mensaje que daremos, algo que puede ser importante para quien lo escuche.

El poder de la re-significancia movilizadora: Viviendo mi proceso de certificación como Coach Ontológico transformacional, descubrí que podemos vencer todos los miedos, trabajando en un proceso de renovación de CREENCIAS, y desde la reinterpretación del mundo que vemos, desde EL OBSERVADOR QUE ESTAMOS SIENDO.

Ahora les comparto las seis llaves de la Re-significancia:

Las 6 llaves de la Re significancia

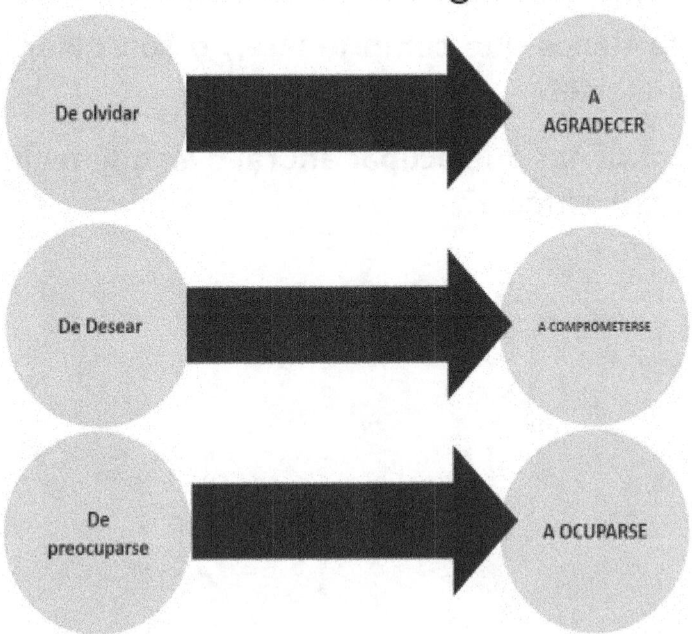

¿Cómo podrás implementar estas llaves en tu vida de Propósito, para que seas la mejor versión de ti mismo y te puedas bendecir con plenitud y disfrutes de tus dones y talentos compartidos?

La respuesta es sencilla: Utiliza el poder detonante de las preguntas PODEROSAS, que generarán en ti respuestas MOVILIZADORAS.

¿Qué tienes o quieres aceptar en tu vida?

¿Qué necesitas aprovechar o de qué necesitas aprender?

¿Qué tienes que creer, o en quién tienes que creer?

¿Qué has olvidado agradecer, o quién no has agradecido lo suficiente?

¿A qué te tienes que comprometer, o con quién elijes comprometerte?

¿De qué te tienes que ocupar ahora, o en qué realmente te tienes que enfocar?

Capítulo 18

CONSTRUYENDO EL ÉXITO

Lo que más me sorprende, es el mismo ser humano. Porque sacrifica su salud, para poder ganar dinero, luego sacrifica su dinero para poder recuperar su salud. Después está tan ansioso sobre su futuro, que no disfruta del presente; el resultado es que no vive en el presente ni en el futuro. Vive como si nunca fuera a morir y muere como si nunca hubiera vivido.

Dalai Lama

Cuando trabajaba en el Haggay Institute en la oficina para Colombia, de Sur América y el Caribe, leí por primera vez la definición de éxito, que me ayudó a entender lo que me faltaba para ser exitoso, del señor Paul J. Meyer, Success Motivation Institute. En uno de los materiales que entregaba a los alumnos, en una clase de Metas.

"La realización personal y progresiva de metas personales y predeterminadas en todas las áreas de la vida".

Paul J. Meyer.

En algún tiempo, llegué a pensar que el éxito consistía en tener dinero y poder. Todo lo que ésto podía significar, pero a medida que los años pasaban y yo iba aprendiendo, descubrí otras dos grandes lecciones:

- El éxito es más importante que el dinero.
- El éxito no se consigue por suerte o sin hacer nada.

A medida que se acrecentaba mi pasión por leer, aprender y entrenarme, mientras buscaba mi propósito y me desarrollaba como escritor, conferencista, consultor y coach, leí historias muy significativas y ahí comencé a entender lo que muchos conocemos como el *momentum* de éxito y plenitud de alguna persona a quien admiramos y respetamos, su vida SIEMPRE estuvo precedida por muchos años de intentos fallidos, etapas de crisis, problemas, desesperanzas y fracasos.

En alguna ocasión escuché que las personas tenían éxito por cuestiones de circunstancias, porque tuvieron o suerte al nacer en cierto país o en cierta familia. Luego comprendí que esos factores, no son las causas del éxito genuino y duradero, en la vida de todos esos personajes y líderes. Lo verifiqué en mi propia vida, al pasar por todas esas circunstancias difíciles y fracasos, es lo que nos prepara y nos alista para madurar y crecer hasta estar a la altura de nuestro propósito o llamado en la vida.

Lo que se ve del éxito:

Lo que comúnmente llamamos éxito, es un espejismo, o una microscópica visión de lo que en realidad es el éxito.

Imagina que el éxito es como un iceberg, cuando escuchamos de alguna persona que alcanzó su *momentun* de gloria o fama, lo que estamos viendo es la punta del iceberg. Precisamente esos son los momentos donde los vemos disfrutar del éxito, el dinero, el reconocimiento y sus frutos. Eso es lo que nos llama la atención, pero no podemos ver por lo que ha pasado esa persona, quien como un iceberg que este tapado por el agua representa de la persona exitosa realmente el 90%, como la parte del iceberg que está debajo del agua y representa lo más importante que debemos saber del éxito. El éxito tiene un precio, el éxito no es gratis, no se consigue con suerte o comprando un boleto de lotería. El éxito se construye durante años de sacrificios, esfuerzos, aprendizajes, pérdidas, dolores y alegrías. El éxito se va descubriendo y construyendo a medida que vamos madurando. Allí, el fracaso es nuestro mejor maestro.

Historias detrás del Éxito:

Walt Disney: De joven trabajó como repartidor de periódicos y fue despedido por el editor de un periódico a causa de la falta de imaginación.

Thomas Alva Edison: Era parcialmente sordo, en su niñez fue sacado del colegio porque un profesor dijo; que era demasiado estúpido para aprender.

Steven Spielberg: Fue rechazado tres veces de la escuela de cine y teatro de la Universidad de Carolina del Sur.

Michael Jordán: Fue rechazado del equipo de basquetbol de su escuela.

J. K. Rowling: Antes de ser una de las mujeres más exitosas y ricas de Gran Bretaña, era una madre soltera que vivía del Gobierno y escribía sus libros en cafeterías.

Oprah Winfrey: En la infancia fue llevada a un hogar de niños al ser abandonada por su madre. También, en algún momento de su vida fue despedida de su empleo como reportera de televisión, por ser inadecuada para la televisión.

Theodor Seuss: Autor exitoso de más de 60 libros para niños. Su primer libro fue rechazado veintisiete veces por las editoriales.

"Esfuérzate, no por ser simplemente exitoso, sino más bien para llegar ser un hombre de valor"

Albert Einstein.

Construyendo el éxito genuino:

A Fredy Kofman, le escuché un concepto que me retó y me inspiró de gran manera, cuando dijo en una conferencia: "El éxito más allá del éxito".

Volviendo a la metáfora del iceberg; el éxito al cual se refiere Kofman, es el 90 % del iceberg que no se ve en la superficie. Aquello que no se ve, es lo que realmente tiene sentido, valor y significancia en la vida.

El éxito genuino, es todo aquello que nos queda y se nos da más allá del dinero, el reconocimiento y la fama. El éxito genuino es lo que terminas siendo o en quien terminas convirtiéndote, aún después que haya pasado tu *momentum*.

Eres exitoso, cuando:

- ✓ No te rindes.
- ✓ Maduras.
- ✓ Sanas y perdonas.
- ✓ Creces y te desarrollas.
- ✓ Eres feliz a pesar de…
- ✓ Tu esposa (o) y tus hijos te respetan y te extrañan.
- ✓ Cuando las personas quieren aprender de ti.
- ✓ Cuando eres espiritual.
- ✓ Cuando sirves a los otros.
- ✓ Cuando puedes sonreír por cualquier cosa.

"Dentro de veinte años, estarás más decepcionado por las cosas que no hiciste, que por las que hiciste. Así que suelta las amarras, vuela lejos del puerto seguro, captura los vientos alisios en tus velas. Explora, sueña, descubre".

Mark Twain.

El precio del éxito:

"He fallado más de 9.000 tiros en mi carrera. He perdido casi 300 juegos, 26 veces han confiado para tomar el tiro del juego ganador y he perdido. He fallado una y otra y otra vez, en mi vida. Es por eso que tengo éxito."

Michael Jordan.

Las personas no obtienen el éxito por suerte, las personas son exitosas, felices y plenas por ELECCIÓN y ACCIÓN.

Todos tenemos derecho, a poder crearnos las oportunidades y circunstancias que necesitamos o queremos para nosotros. Puede que algunos duren más tiempo y otros menos, es posible que unos lleguen más arriba que otros. Todos podemos ser exitosos, independientemente del país, la familia o el nivel económico en que hemos nacido.

El éxito se construye, se desarrolla, se crea, se trabaja, se transpira. El éxito es resultado de tres cosas:

Elecciones: Todos tenemos la oportunidad de hacer elecciones cada día en nuestra vida. De la calidad de elecciones que hagas, dependerá el que llegues a ser exitoso y feliz.

Ejemplos:

- Unos eligen leer y aprender, otros eligen perder el tiempo.
- Unos eligen aceptar lo que la vida les da, otros eligen cambiar sus circunstancias y llevarla a otro nivel.

Trabajo duro: No existe ningún tipo de éxito, que sea posible construir sin trabajar. El trabajo dignifica al hombre y desarrolla su carácter. El trabajo es el camino más seguro, hacia un éxito duradero. Es imposible, tener éxito sin trabajar, pero es muy posible simular que no trabajas y disfrutar todos tus días cuando haces lo que amas.

Persistencia y disciplina: Una lección hermosa que he aprendido en mi vida, es que las cosas más significativas y hermosas no se dan de la noche a la mañana, sino que requieren tiempo y proceso. Allí, es donde la persistencia y la disciplina son fundamentales.

La persistencia es: Aquella esperanza invisible que te ayuda a nunca rendirte, a pesar de todas las circunstancias que te rodeen, a no rendirte hasta ver manifestado lo que quieres. ¡Sí, o sí!

La disciplina es: Aquello que te permite crecer, mejorar, madurar y sostener todo lo que has logrado, por elección de tu trabajo duro y persistencia.

Capítulo 19

METAS EXTRAORDINARIAS

"Comienza con el final en mente".

Stephen Covey

Hoy reconozco, el poder de transformación que tienen las metas en las vidas de aquellos que amamos. La fijación de metas genera un ambiente propicio para el cambio y el progreso.

Lo más poderoso al fijarse metas y lograrlas, no son las metas en sí, sino en quién te conviertes en el camino y que haces de las mismas.

Paul J. Meyer, a través de su programa "La Dinámica de la Fijación de Metas" de *Success Motivation Institute*, aprendí a ser un experto apasionado de las metas. Cuando enseño sobre las metas y el poder del logro, comparto la frase de él:

"Si usted no está teniendo el progreso que le gustaría y que usted es capaz de hacer, simplemente es porque sus metas no están claramente definidas".

Paul J Meyer

¿Por qué debemos tener metas?:

- Porque nos permiten clarificar, lo que es realmente importante.
- Porque nos dan un enfoque.
- Son motivaciones para lograr lo que queremos.
- Nos ayudan a crecer.
- Nos diferencian de las personas comunes.
- Nos permiten dejar de lado todo lo que es irrelevante.

Preguntas poderosas para inspirar la elección de metas:

- ¿Qué es lo que realmente quiero lograr o necesito?
- ¿Por qué lo quiero y por qué es importante para mí?
- ¿Es posible hacer eso que quiero hacer y lograrlo?
- ¿Qué es lo que puedo ganar al lograrlo o pierdo si no la alcanzo?
- ¿Es esto algo significativo e inspirador para dar a cambio de ello, mi tiempo y mi vida?

Redacción Inteligente de Metas:

Para poder escribir metas inteligentes y poderosas, debemos redactarlas alineadas así:

Ser específico

Medible

Alcanzable

Real

Tangible

Ecológicas y espirituales

"Establecer metas, es el primer paso para volver lo invisible en visible".

Anthony Robbins.

"Si estas aburrido con la vida, no tienes suficientes metas".

Lou Holtz.

"Una meta no siempre está hecha para ser alcanzada, muchas veces sirve como algo a lo que apuntar".

Bruce Lee.

"La disciplina es el puente entre metas y logros".

Jim Rohn.

Construye tu propio sistema inteligente de metas:

Hoy tengo el regalo de Dios en mi vida al ser Coach de alto desempeño de LMI y Coach de Diseño de Vida de Emergiendo. Todo el tiempo estoy compartiendo con mis clientes y amigos, el poder y la importancia de tener un SISTEMA INTELIGENTE DE METAS. Es una herramienta inspiradora que nos mantiene enfocados, inspirados y con la esperanza de creer y saber que mientras estemos vivos, siempre habrá un futuro mejor.

¿Qué es un sistema inteligente de metas?

Es una matriz que nos ayuda a encontrar y definir metas inspiradoras y significativas en las áreas más importantes de la vida.

A continuación, la matriz:

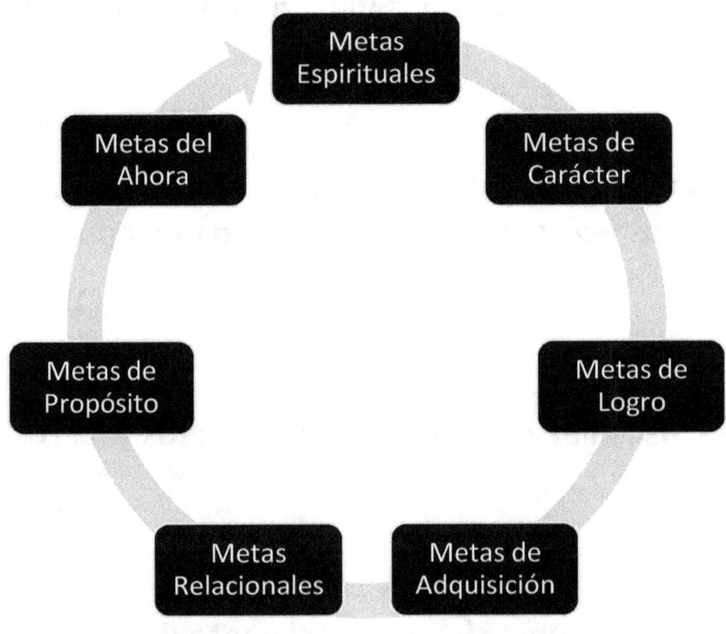

Por mi propia experiencia y trabajo, sé que todos debiéramos construir y tener nuestra lista de metas, basadas en las siete áreas del sistema inteligente de metas.

"La fijación de metas es la mayor fuerza humana para la automotivación".

Paul J Meyer.

"Querrás fijar una meta de suficiente envergadura, como para que el proceso de alcanzarla, te conviertas en alguien que valga la pena llegar a ser".

Jim Rohn.

Capítulo 20

EL PODER DE PROTAGONIZAR

"Antes de ser líder, el éxito solo se trataba del crecimiento propio. Una vez que te vuelves un líder, el éxito se define por el crecimiento de otros".

Jack Welch.
Exdirector de GE.

Cuando pienso en lo maravilloso e importante que son los seres humanos, nos encontramos a nosotros mismos y nos conectamos con nuestro propósito para que cada día sea maravilloso, a pesar de todo aquello que no podemos controlar. Aunque entiendo, por qué no todas las personas pueden asumir su rol de protagonistas.

Desde que son niños, jóvenes y adultos, suelen tener a su lado personas con ideas influyentes, que les cuentan un discurso lleno de "deberías". Lo que origina una mente personal crítica, que les acompaña siempre y les hace sentir mal, porque no terminan muchas de las cosas que se repiten; "tengo que". Tanto, los deberías, como los tengo que, son guiones establecidos por otros.

Naciste para ser feliz, libre para alcanzar tu máxima plenitud y será imposible, si no aprendes a ser verdaderamente libre, a ser tú mismo y ser feliz, por quién eres, por ser único, por ser diferente. Entender que no debes hacer felices a los otros, tu única responsabilidad es hacerte feliz a ti mismo.

Mientras eliges y optas por vivir acorde a los "deberías", de los demás y a los "tengo que", que propio, estarás entregándole el poder de tu libertad y de tu vida a los demás y, por ende, serás una víctima y pasajero en la vida.

Cuando te esfuerces por encontrarte y ser tú mismo, por amarte, aceptarte, perdonarte y vivir tu propósito, entonces comenzarás realmente a ser protagonista.

Mihaly Csikszentmihalyi en su libro "Fluir, una psicología de la felicidad", nos cuenta sobre el poder de alcanzar y vivir el fluir, que es la capacidad de vivir cada día haciendo lo que amas, lo que te gusta, lo que te apasiona, lo que disfrutas, es decir, vivir como protagonista.

¡Todos lo podemos hacer y todos podemos alcanzar nuestro fluir personal!

El significado de ser protagonista:

Ser protagonista es vivir en un nivel de conciencia diferente, es reconocerte como el ÚNICO 100% RESPONSABLE de todo lo que pasa en tu vida. Es entender que la vida no es cuestión de suerte, destino o abolengo. ¡La vida es cuestión de elección, compromiso, pasión y persistencia!

Para poder entender de mejor manera, la importancia de ser el PROTAGONISTA de tu vida, propósito y resultado, debes conectarte con las siguientes tres palabras del gráfico siguiente, que a mi criterio, expresan muy bien lo que significa ser PROTAGONISTA.

Los tres pilares para ser protagonistas:

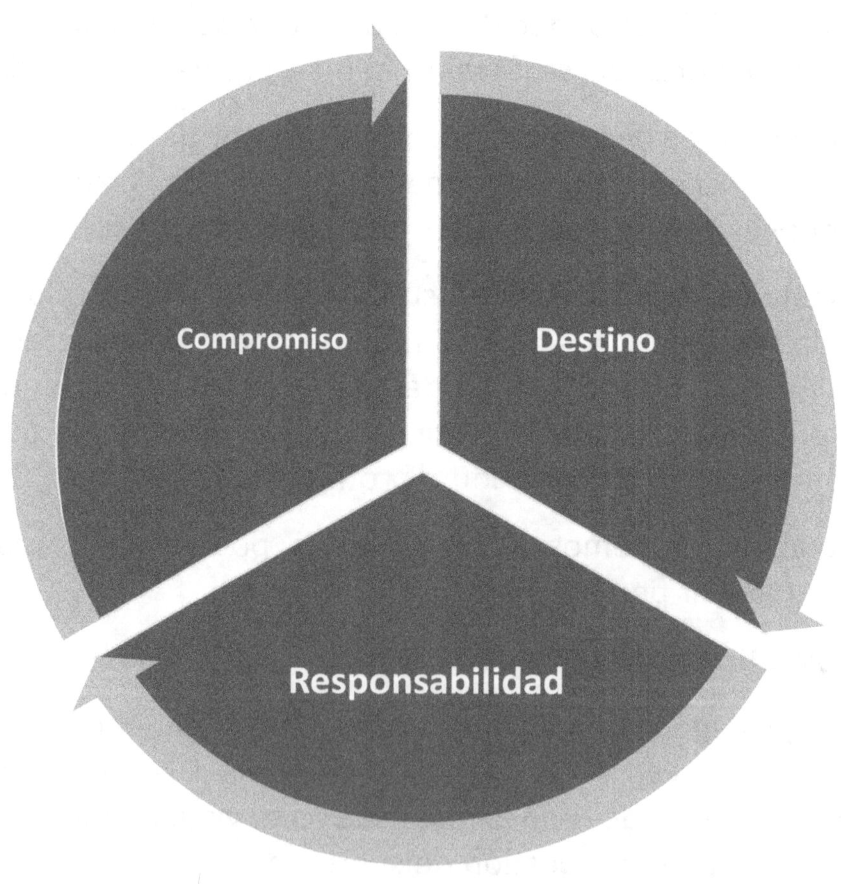

Si quieres aprender cómo ser protagonista de tu vida, conéctate y mantente presente con estos tres pilares:

Pilar UNO

DESTINO: No puedes ser protagonista de nada, sino tienes clara una identidad. Debes saber quién eres, que deseas y hacia dónde vas, a eso me refiero con Destino.

Pilar DOS

COMPROMISO: Una vez que tienes claro quién eres, lo que deseas y para dónde vas, estás listo para comprometerte con el compromiso de dar toda la capacidad que tienes, sin restricciones. Tu vida merece el máximo compromiso de ti.

Pilar TRES

RESPONSABILIDAD: Si tienes claro tu destino y ya has elegido dar el todo de ti, poniendo tu acción y compromiso, el último elemento que necesitas para ser verdadero protagonista, es hacerte responsable. La responsabilidad involucra dos acciones que son: Entrenarnos o capacitarnos y hacernos cargo todos los días de nuestros compromisos.

"El precio de la grandeza es la responsabilidad".

Winston S. Churchill.

"El mayor día de tu vida y la mía es cuando tomamos responsabilidad total de nuestras actitudes. Ese es el día en que realmente crecemos".

John C. Maxwell.

"La libertad significa responsabilidad. Por eso la mayoría de los hombres la temen".

George Bernard Shaw.

"No hay éxito duradero sin compromiso".

Tony Robbins.

"Sin compromiso, no puede haber profundidad en nada, ya se trate de una relación, un negocio o un *hobby*".

Neil Strauss.

"A menos que se haga un compromiso, sólo hay promesas y esperanzas; pero no hay planes".

Peter F. Drucker.

Capítulo 21

PLANES DE VIDA

"Tu tiempo es limitado, de modo que no lo malgastes viviendo la vida de alguien distinto. No quedes atrapado en el dogma; que es vivir como otros piensan que deberías vivir. No dejes que los ruidos de las opiniones de los demás acallen tu propia voz interior. Lo que es más importante, ten el coraje para hacer lo que te dicen tu corazón e intuición".

Steve Jobs.

Es importante entender que en el mundo de hoy, solo existen dos tipos de personas; los soñadores y los hacedores. Soñadores, hemos sido todos en algún momento de nuestras vidas, por ejemplo, cuando nos quedamos pensando en las cosas que lograríamos con solo pensarlas, quererlas o iniciarlas. Aunque el 100% de las personas cumplen con esta parte, no todo el mundo se transforma en un hacedor, un conquistador y un líder desarrollador de sus sueños, anhelos y objetivos.

Las personas más extraordinarias del mundo que conozco, líderes y personas exitosas que entienden el poder de planear, prepararse y poner por escrito, todo aquello que piensan o dicen, y que son importante alcanzar.

Para entender, cuál es el poder de hacer planes y como comenzar, les compartiré la historia de John Goddard, personaje norteamericano que se hizo famoso a los quince años, después de tener muchas conversaciones con personas de la tercera edad y con personas que estaban a punto de morir. Al escucharlos encontró un punto común en ellos que le inspiró. Fue porque todos le contaban, de cómo se arrepentían de todo lo que no habían hecho en sus vidas. Lo que generó un impulso significativo en la vida del joven Goddard, de tal manera, que a sus quince años escribió una lista de las 127 metas muy significativas:

- Explorar los ríos Nilo, Amazonas y Congo.
- Escalar los montes Everest, Kilimanjaro y Cervino.
- Montar en elefante, camello, avestruz y potro salvaje.
- Rehacer los viajes de Marco Polo y Alejandro Magno.
- Aparecer en una película de Tarzán.
- Despegar y aterrizar en un portaaviones.
- Leer las obras de Shakespeare, Platón y Aristóteles.
- Componer una obra musical.
- Escribir un libro.
- Visitar todos los países del Mundo.
- Casarse y tener hijos.
- Visitar la luna.

Lo maravilloso de esto, es que Goddard hizo muchas de ellas realidad, a pesar del reto que muchas significaban muchas. Goddard entendió que además de tener claridad en lo que deseaba, también descubrió el poder de hacer planes. Ese fue el diferencial en su vida, frente a los casos de muchas personas que viven de intenciones y sueños que no logran manifestar.

¿Qué es un plan?

Es un documento escrito totalmente personal y único, que escribe y redacta la persona interesada en manifestar y hacer realidad sus sueños y metas.

¿Cuál es la estructura de un plan de acción?:

Para que diseñes planes de acción poderosos e inspiradores, para cada uno de tus sueños, anhelos o metas, te comparto esta estructura de ocho pasos:

1. **Realidad presente:** Es donde estoy hoy, en esta área o rol.
2. **Meta:** ¿Cuál es la meta específica o el destino que quiero alcanzar en esta área o para este rol?
3. **Barreras:** ¿Qué obstáculos o imprevistos se le pueden presentar que le impidan hacer realidad sus metas?
4. **Ganancias:** ¿Qué cosas tangibles o intangibles específicamente vas a ganar o disfrutar si logras hacer realidad tus metas?
5. **Acciones:** ¿Cuáles específicamente, son las acciones o pasos que debes emprender de manera

sistemática, para garantizar el logro de tu meta, sí, o sí?

6. **Decretos:** ¿Qué frases de poder puedes escribir y recitar, que fortalezcan tu intención, que se renueven en tu mente y te inspiren cada día a seguir adelante hasta lograr tus metas?

7. **Mapa de Poder:** En medio pliego de cartulina, construye un mapa gráfico: ¿Qué imágenes, fotos y palabras claves puedes utilizar de lo que deseas, de lo que verás? Cuando logres que trabaje en tu cerebro, mirándolo todos los días, hasta manifestar tus metas.

8. **Gratitud:** Es la lista de dos o tres cosas que agradezco diariamente, como parte de mi proceso de logros de metas. También como forma de activar mi fe, al agradecer lo que deseo y por lo que estoy trabajando. Aunque en ese momento no lo vea o no sea todavía una realidad.

"A menos que se haga un compromiso, sólo hay promesas y esperanzas; pero no hay planes".

Peter F. Drucker.

Capítulo 22

NUNCA RETROCEDA Y SIEMPRE PERSISTA

"Nada en este mundo puede tomar el lugar de la persistencia. El talento no lo hará. Nada es más común que los hombres sin éxito y con talento. Los genios tampoco. Los genios, no recompensados es casi un proverbio. La educación tampoco. El Mundo está lleno de negligentes educados. La persistencia y determinación son omnipotentes".

Calvin Coolidge.

Lo que he aprendido durante estos maravillosos años, es la importancia de ser persistente, sin importar cuál sea el destino, la ruta o la filosofía con la que estemos caminando. La persistencia es fe en acción, la biblia dice:

"Es pues la fe la certeza de lo que se espera, y la convicción de lo que no se ve".

Hebreos 11:1:

Este versículo bíblico es contundente e inspirador. Como seres caminamos en pos de algo importante, ya sea sea laboral, financiero o personal.

Realmente es significativo y se deberá evidenciar en nuestra capacidad de persistencia, tenacidad, insistencia. Al hacerlo una y otra vez, estamos diciendo: Tengo Fe y sé que pase lo que pase, lo voy a lograr.

Persistencia: La llave contra las adversidades y las circunstancias:

La vida en definitiva es nuestro mayor regalo. Pero la vida será hermosa y también agresiva. Cuando tienes momentos de inspiración, motivación o de éxtasis por lo que estás pasando, por lo que estás viviendo y con quien estemos viviendo.

La vida real, no se trata solo de lo bonito, sino de un camino de transformación, un viaje a tu desarrollo personal. Por eso, para que la vida cumpla su propósito; te llegarán momentos donde encontrarás con circunstancias adversas. No importa quien seas, que nacionalidad tengas, que tan bonita o guapo seas; te vendrán momentos de incertidumbres, dolores y desesperanzas, en esos momentos te sentirás triste, enfermo, asustado, molesto y exhausto. Allí, es cuando te llegarán los momentos "AJA" de la vida.

Los "AJA", son aquellos momentos disyuntivos de la vida de confusión y desesperanza, en los que parece que las cosas no se van a dar, que todo se perdió, y que ya no tienes esperanza: Pero los "AJA", también son gloriosos instantes de SINCRO-DESTINO, en que puedes ELEGIR ser un ganador, ELEGIR persistir, ELIGIR nunca rendirte.

"La Persistencia es el elemento secreto de la excelencia".

Carlos Eduardo Sarmiento L.

Los seis fundamentos de la persistencia:

A todos, se nos permite vivir con las mismas posibilidades, pero no con los mismos resultados o frutos. Por eso, se nos presentan las adversidades, las circunstancias difíciles y las batallas personales; en ellas se genera un filtro de excelencia y pasión. Todos podemos participar del don de la vida, pero no todos estamos listos para mantenernos y llegar hasta el final, para recibir la presea dorada.

Fundamento UNO

Vive tu propósito:

El mayor detonante de la persistencia es que vayas en pos de tu propósito, que vivas haciendo algo que te apasione y conecte con tu corazón y tu alma.

Fundamento DOS

Hazte cargo de las circunstancias:

Las circunstancias son parte de los paisajes de la vida, si eres un protagonista, un líder y un campeón de la vida, entiendes que ninguna circunstancia es superior a ti, y que con carácter y persistencia apasionada, no existe circunstancia alguna que nos pueda detener.

Fundamento TRES

Elige NUNCA rendirte:

La persistencia no es una posibilidad o un don regalado para alguno. la persistencia es una elección de coherencia, que está al alcance de todos, sí tienes claro que tu vida, tus sueños, tu familia y tu propósito, no tienen precio, elije persistir, sí, o sí, hasta el final.

Fundamento CUATRO

Entrena tu mente y mejórate:

La vida te presenta circunstancias y adversidades, cuyo principal mensaje es: CREO EN TI y sé que puedes. Dentro de ti existe más que lo que estoy viendo ahora. La persistencia significa insistir, insistir e insistir, en el camino deberás entrenarte y desarrollarte como líder o profesional, esto garantizará que no tengas que dar marcha atrás.

Fundamento CINCO

Reconoce tu identidad:

La vida es hermosa y también difícil. Cuando algunas cosas no te salen bien o tienes problemas de relaciones disfuncionales y fracasos, suelen aparecer personas que te juzgan, critican, opacan y menosprecian. Normalmente lo hacen porque se fijan solo en tus resultados, o en ciertos comportamientos; es ahí donde entra el valor de la IDENTIDAD.

Tu identidad es tu esencia misma, es quién eres, tu yo interior que nunca cambia. Por eso, debes entender que aunque escuches palabras que te menosprecien, o te enfrentes a situaciones en las que te sientes relegado o despreciado, siempre recuerda que: ¡Tú NO eres lo que haces! Esos son tus comportamientos. ¡Tú, eres tú! Tu valor no depende de los otros, ni de nada externo. Cuando tienes clara tu identidad y tu valía, es muy fácil levantarte y persistir, persistir y persistir hasta el final.

Fundamento SEIS

Nunca te rindas:

La vida es un milagro, si cada día te puedes levantar de tu cama, respirar y caminar. Estás viviendo un milagro, siendo tu milagro. La vida es maravillosa y nos da increíbles oportunidades de crecimiento, aprendizaje, disfrute y madurez.

La maravillosa vida, todo el tiempo nos trae circunstancias que no controlamos, ni esperamos y creemos no merecer, como una crisis financiara, un rompimiento con tu pareja, o una enfermedad crítica. En esos momentos es cuando surge en ti, el poder de la perseverancia. Debes honrar tu elección de nunca, nunca rendirte e inexplicablemente, te sorprenderás que la persistencia te generará, esperanza y la esperanza atraerá nuevas posibilidades.

Capítulo 23

APRENDIENDO

**"Vive como si fueses a morir mañana,
aprende como si fueses a vivir para siempre".
Mahatma Gandhi.**

Algo muy significativo para mí, es que siempre mi "Yo" esencial, me impulsaba para ir hacia adelante; quería ser líder, un conquistador y servir al Mundo con mis talentos. En esa búsqueda, tuve una pelea simbólica con mi peor enemigo que era yo mismo. Tenía que encontrarme cara a cara con mis sombras, tenía que reconocer mi ego, mi orgullo, mi altivez y mi egoísmo. En cada proceso de formación y entrenamiento, trabajaba con todo eso y caminaba hacia la luz.

Pasé un gran tiempo en el que me centré en el HACER, llegué a pensar que si hacía y generaba frecuencia con consistencia, el éxito y los resultados tenían que seguir y permanecer conmigo. Así como el orfebre, trabaja con el barro hasta moldear una hermosa pieza, de igual modo Dios nos moldea a nosotros a través de la vida, que es nuestra escuela.

Todo me salía muy bien y parecía que nada me podría detener; pero, comenzaron a pasarme cosas, mis niveles de conciencia se elevaron, al entender que debía trabajar y seguir aprendiendo de mi pasado. El pasado es el mejor documento, para hacer ajustes del mismo pasado y diseñar el futuro.

¿Qué buscar en el pasado?

Como coach, psicólogo y terapeuta, trabajo en pro de desarrollar liderazgo y liberar el máximo potencial en las personas, mientras trabajan con su propósito y se enfocan en desarrollar metas significativas, en todas las áreas de sus vidas. Lo que más les cuesta, es recordar con gratitud su pasado, reconocer su historial personal de éxito. Así pierden la oportunidad de aprendizaje, tan increíble que tienen en su historia personal.

Un aprendizaje que me sirvió fue cuando escuché a mi mentor Paul J. Meyer, decir:

"Cuando Todo este dicho y hecho, cada uno de nosotros dejara solo cuatro cosas: Memorias: Los pensamientos que otros tienen de nosotros. Recuerdos: Las pruebas de nuestra existencia. Trofeos: Los registros de nuestro logro. Legado: Todo lo que uno es y posee hoy".

Desde esta estructura, te invito a trabajar con tu historia, para buscar, trabajar y sacar experiencias del pasado, a través de las siguientes preguntas poderosas:

❖ Memorias: ¿Qué pensamientos negativos pueden tener de ti, las personas que te han conocido?

❖ Recuerdos: ¿Escribe una lista de 50 cosas maravillosas que tienes que agradecer en tu vida hasta el día de hoy?

❖ Trofeos: ¿Escribe una lista de 50 cosas que has logrado, hasta el día de hoy?

❖ Legado: ¿Qué específicamente le quisieras dejar a tu familia?
  • ¿Qué le quisieras dejar a la humanidad?
  • ¿Quién quisieras ser, que hoy no eres?

Edificando las mejores lecciones de mi pasado:

Para convertirte a ti mismo en tu mejor maestro, voy redactarte, a mi criterio, las que han sido las mejores lecciones de vida, que deberías haber aprendido hasta el día de hoy.

Los siete caminos del aprendizaje:

El siguiente ejercicio de trabajo, está diseñado para que vayas escribiendo en cada cuadro lo que te ha sucedido y luego le saques el máximo provecho, al ver tu pasado, y descubras tus áreas de oportunidad o desarrollo, en tu camino a la excelencia y a la plenitud de tu vida.

Tipo de Camino	Fallas o Crisis	Aprendizaje	Plan de Mejora
Historia			
Familia			

Relaciones			
Negocios y Trabajo (Dinero)			
Problemas y Fracasos			
Emociones			
Salud			

Capítulo 24

ACTITUD MENTAL

"Si no te gusta algo, cámbialo. Si no lo puedes cambiar, cambia la forma en que piensas sobre ello".

Mary Engelbreit.

RENOVACION MENTAL. Estuve reflexionando y me pregunté: ¿Qué es lo realmente importante, a la hora de tener una mente correcta? Llegué a la conclusión: Se trata de que seamos capaces de llegar al siguiente nivel, el de la sabiduría.

En mi compañía de consultoría y desarrollo organizacional Emergiendo, tengo un lema que dice: **"Información sin aplicación es entretención"**.

En el libro Discipulado Naciones de Darrow Miller, me encontré una frase, la escogí para introducir lo que quiero comunicarte: **"Las ideas tienen consecuencias"**. Esas dos frases, nos conectan y hacen énfasis en una gran VERDAD, no se trata de conocimiento, se trata de acción.

La renovación mental consiste en la capacidad que tenemos todos, de manera voluntaria para elegir con qué tipo de información o conocimiento llenamos nuestras mentes. En estos veinte años de trabajo continuo, viéndolo desde diferentes enfoques, encontré que no tenemos un problema de información, ni de conocimiento; tenemos un problema de sabiduría.

¿Qué es la sabiduría?

Es la elección personal de aplicar consistentemente una idea o un aprendizaje, hasta que le hagamos parte de nosotros mismos. Se manifiesta en comportamientos inconscientes, que te permiten ser coherente y feliz.

Para confirmarlo, encontré que John Naisbitt, en su libro Mega Tendencias, 1982, escribió: "Nos ahogamos en información, pero padecemos hambre de conocimiento".

Hoy, las cosas están cambiando, no tenemos un problema de información, ni de conocimiento. Tenemos una saturación de información, en este Mundo interconectado y digital.

Existen millones de personas, con muchos conocimientos, respaldados por títulos, especializaciones, maestrías y doctorados. A pesar de eso, los problemas que nos afectan siguen siendo los mismos y les digo con seguridad; se han agravado mucho más. Para verificarlo, solo basta observar la realidad global. Las noticias nos informan a diario, sobre problemas ecológicos debido al mal uso de los recursos naturales, sobre los graves problemas de corrupción generalizada de gobernantes y políticos, ya sea en

Bombay, India, Ciudad de México, Centro América, Bogotá, Sur américa, Londres, Europa, Washington, Estados Unidos, Melbourne y Australia. En todos los lugares, encontramos el mismo problema sin poder lograr que las buenas ideas prevalezcan. Tampoco tenemos una real conciencia, del impacto de las malas ideas a nivel global.

Si nombro uno a uno, los problemas más comunes que nos afectan, nombraría los problemas financieros, de salud, relaciones y espirituales. Estos problemas no están vigentes por falta de información, ni por falta de conocimientos sino por falta de SABIDURIA.

"La genuina renovación mental, consiste en ser capaces de poner en acción la sabiduría. Lo que nos llevará a lograr alinear, los tres elementos fundamentales de la felicidad humana: Propósito, Coherencia y Consistencia".

Carlos Eduardo Sarmiento L.

Cuando digo que las ideas tienen consecuencias, estoy hablando del principio de causa y efecto en acción. Si algún resultado éstas obteniendo en cualquier área de tu vida o de tu negocio, no te satisface, quiere decir que estas permitiendo sustentar tus acciones en ideas equivocadas, y aquí viene una pregunta poderosa para ti:

¿Qué calidad de IDEAS, ocupan tu mente hoy?

Las ideas correctas que tengas te dan la perspectiva correcta. Por eso en el coaching ontológico, se hace tanto énfasis en el poder del OBSERVADOR.

Tu forma de observar determina tu forma de actuar:

En la revista Forbes de Mayo del 2016, salió un artículo de algunas cosas comunes que los seres desean, buscan y no logran.

Algunas de las respuestas fueron:

- ✓ Felicidad
- ✓ Dinero
- ✓ Libertad
- ✓ Paz
- ✓ Equilibrio
- ✓ Confianza

Ninguna de las necesidades vitales de los seres humanos, se han alcanzado por tener más información y saber más. Por eso hago énfasis en que la RENOVACION MENTAL, no se trata de saber, ni de tener; se trata de SER y de manifestar un HACER coherente a ideas correctas y principios eternos.

Reconozco y honro a Dios y su palabra, desde el entendimiento al que he llegado. A través de la Biblia encontré esta inspiradora verdad:

"Adquiere sabiduría, adquiere inteligencia; no te olvides ni te apartes de las razones de mi boca; no la dejes, y ella te guardará; ámala, y te conservará.

Sabiduría, ante todo; adquiere sabiduría; y sobre todas tus posesiones adquiere inteligencia. Engrandécela y ella te engrandecerá; ella te honrará, cuando tú la hayas abrazado".

(Proverbios 4:5-8)

Capítulo 25

TRABAJANDO CON LAS CREENCIAS

"Se necesita algo más que «pensamientos positivos», para mantener el control de tu cuerpo y de tu vida. Es importante para tu salud y tu bienestar, que cambies tu forma de pensar y te concentres en los pensamientos vitales y positivos, además de eliminar, los siempre presentes y extenuantes pensamientos negativos".

Bruce Lipton.

En mi primera certificación de coaching con PNL, International Coaching Comunity de Londres, aprendí algo súper valioso; la razón por la cual no sueles lograr los sueños y metas que te propones, es porque:

Detrás de cada meta, existe un valor invisible:

Estos valores, están fundamentados en CREENCIAS; que es el tema de este capítulo. Más de una vez en tu vida, te has propuesto lograr una meta, hacer algo o agradar a alguien con tu comportamiento, y por más que lo tengas claro y entiendas que es bueno y te parece correcto, no lo logras. Siempre terminas auto saboteándote.

Estoy seguro que la respuesta de la mayoría de los lectores es, sí.

¿Qué son las creencias?

Son pensamientos construidos y aceptados de acuerdo con el resultado de la experiencia y el entorno de vida que has tenido.

¿Qué tipos de creencias hay?

Específicamente, existen dos tipos de creencias: Las LIMITANTES y POTENCIADORAS.

¿Cómo se crean las creencias?

Las creencias que mantienes, son el resultado de la calidad de experiencias de vida que has tenido; como consecuencia de una interacción constante con ciertas personas en determinados entornos, que por repetición te fueron condicionando, y como ser pensante aceptaste, conforme te ibas alejando del dolor o generando placer.

> "Las creencias no son ni falsas, ni verdaderas, simplemente son creencias. Por eso las medimos más por su impacto en cuanto a si nos potencializan y nos movilizan o nos limitan y nos frenan".
>
> **Carlos Eduardo Sarmiento L.**

¿Cómo se manifiestan las creencias?

Las creencias, se manifiestan a través de pensamientos, decretos y palabras que te mantienen o te sacan de un estado mental, emocional o relacional. Las creencias son los filtros mentales que responden a cuál es el observador de una persona, una situación o una relación.

Las creencias son la respuesta referencial que el cerebro provee a la hora de filtrar una información, basado en experiencias y aprendizajes previos, direccionándote para evitar el dolor o aumentar y conseguir placer.

Ejemplos de creencias limitantes:

- Todos los hombres o las mujeres son iguales.
- A mí siempre me va mal.
- Nadie me quiere.
- Yo nací para ser pobre.
- El dinero se opone a la felicidad.
- Si lo dejo, nunca seré feliz.
- Yo no puedo.
- Eso es imposible.
- Ya lo intenté todo.

Descubre tus creencias más significativas:

El siguiente ejercicio, es muy poderoso para ayudarte a manifestar con tus creencias con palabras. Te invito a hacerlo, pensando en las diferentes áreas o roles de tu vida.

Primero: Piensa y decide, en qué área de tu vida quieres trabajar: Física, salud, emocional, sexual, financiera, sobre relaciones, familiar, personal, laboral, social, cultural o espiritual.

Segundo: Consigue una hoja en blanco y márcala con el nombre del área a trabajar, luego escribe todas las frases que te vengan a la mente cuando trabajes con estos iniciadores:

Creo que...

Me temo que...

Confío en que...

Sé que...

Tengo fe en que...

Transformando las creencias:

En mi práctica, funciona muy bien trabajar el cambio de creencias, con la siguiente estructura:

Este es un ejemplo aplicado:

Área	Resultado No Deseado	Conducta Generadora del Resultado	Creencia que sostiene y genera la conducta
FINANCIERA	¿Qué el sueldo no me alcanza para nada?	Gasto más de lo que gano y no tengo presupuesto	El secreto está en que yo siempre tenga trabajo y lo mantenga, para lograr ganar más.

Manos a la Obra:

Ahora te reto a trabajar esta matriz, con cada una de las creencias limitantes que identifiques, en cada una de las áreas de tu vida.

Área	Resultado No Deseado	Conducta Generadora del Resultado	Creencia que sostiene y genera la conducta

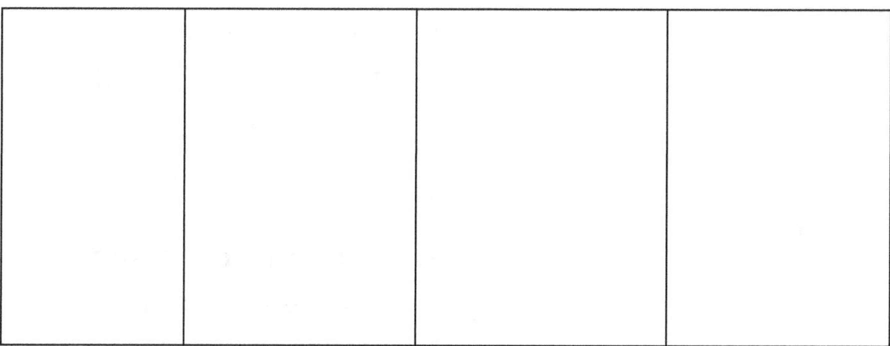

Una vez, tengas identificada la creencia limitante que te está inmovilizando o manteniendo en un lugar donde no quieres estar. Trabaja en reimplantar una nueva creencia por medio de la repetición. Para hacer esto funciona muy bien, construir decretos o afirmaciones positivas, que te generen movilidad; trabaja con ellas, hasta hacerlas parte tuya.

Ejemplo:

Creencia Limitante	Decretos de Poder
El secreto está, en que yo siempre tenga trabajo.	Si aprendo a hacer y mantener un presupuesto, siempre me alcanzará el sueldo

	No se trata de cuánto gano, sino de cuánto ahorro. Mi primer reto, totalmente posible, es cerrar el ciclo de ganar y gastar.

Para cada creencia limitante, construye y redacta tus propios decretos.

Capítulo 26

ENTRENÁNDOME COMO LÍDER

"Hágase 100% responsable de su vida y de sus resultados en todas las áreas de la vida, las victimas nunca triunfan".

Carlos Eduardo Sarmiento L.

El liderazgo, es para mí una de las mayores necesidades del Mundo actual, pero no hablo del liderazgo, como una moda más de *management*, o como una competencia blanda obligatoria para crecer en una empresa. Hablo del liderazgo como una opción de vida. En mi experiencia, el liderazgo es el sostenedor de las cosas extraordinarias. Con un liderazgo relevante, tenemos todo y sin él, lo perdemos todo.

Un capítulo, es demasiado corto para compartir la esencia del liderazgo relevante. Solo quiero dejarte una semilla y un bosquejo básico, de cómo puedes desarrollar el liderazgo.

El modelo del liderazgo relevante:

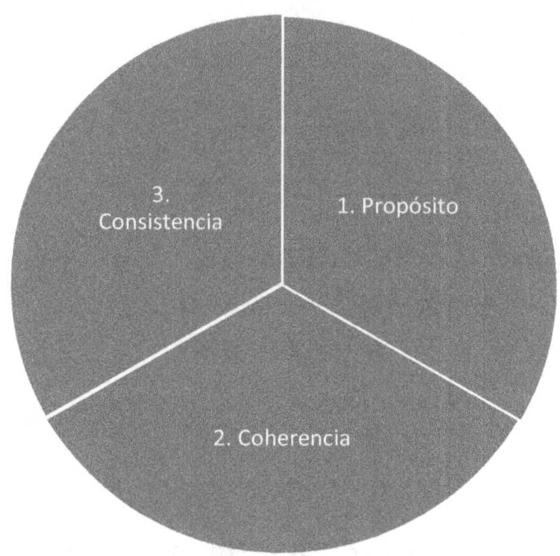

Yo estoy firmemente convencido, que todos los seres humanos nacimos para ser líderes y fuimos diseñados para llegar a ser grandes en el área que escojamos y dejar un legado personal.

En mi modelo de liderazgo relevante, un resultado de años de estudio, trabajo, autodesarrollo; estudiando y aprendiendo de los mejores modelos de liderazgo del Mundo, encontré que existen tres elementos vitales en que debemos trabajar para desarrollar un liderazgo relevante y significativo, no importa que hagas ni cuántas personas tengas a cargo.

Los tres elementos vitales son:

1. **PROPÓSITO:** El propósito es lo primero, es el que te otorga dirección, foco y fortalece tu identidad. El propósito te da la capacidad de responder a las siguientes preguntas:

¿Quién soy?

¿Para qué fui colocado en la Tierra?

¿Para dónde voy?

¿Cuál es mi realidad presente?

¿Cómo voy a llegar a dónde quiero ir?

2. **COHERENCIA:** La coherencia es el resultado de escuchar e identificar tu narrativa lingüística, sobre:

¿Cómo me veo?

¿Cómo me siento?

¿Cómo me proyecto?

¿Qué tiene sentido para mí?

Al responder las siguientes preguntas, encontrarás las respuestas:

¿Qué es lo que más valoro en mi vida?

¿Qué es lo realmente importante en mi vida?

¿Quiénes son las personas más importantes para mí?

¿Cuáles son las relaciones más vitales?

¿En qué disfruto invertir mi tiempo libre?

¿A quién quiero servir o a qué causa quiero servir?

¿Cómo me quiero ver en 10 años?

¿Qué deseo que digan de mí?

¿Qué deseo lograr ser, hacer y tener?
¿Qué es la felicidad para mí?

3. CONSISTENCIA: La consistencia es lo que necesitamos trabajar y mantener, para vivir y honrar el propósito. Para no permitir que nada ni nadie, te impida ser feliz. La consistencia se logra, cuando te vuelves experto en gestionar el cambio en las emociones. Eso lo hacemos al comprender:

Las cuatro dimensiones del Cambio:

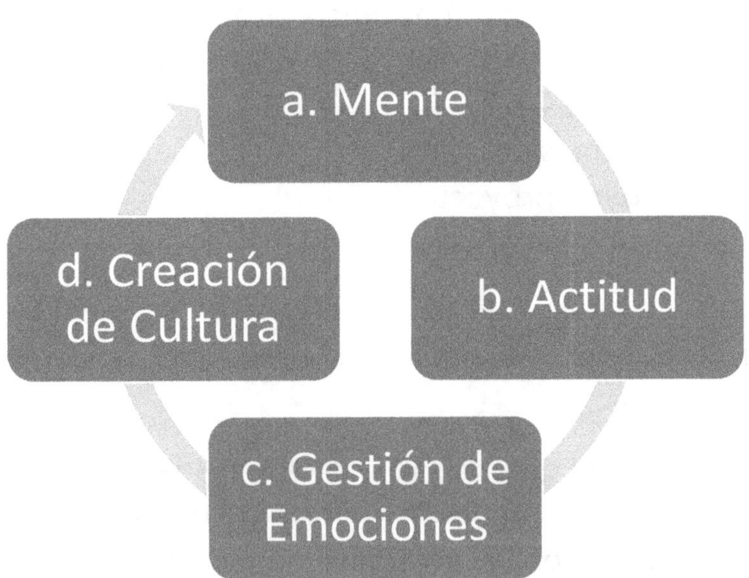

Para lograr la consistencia debes elegir trabajar y alinear estas cuatro dimensiones. Al no tenerlas alineadas ni trabajar todos los días en alguna de estas dimensiones, es lo que generará que seas incoherente.

Las cuatro dimensiones:

A. **MENTE:** Es tu compromiso de trabajar todos los días, la renovación mental de cómo encontrar y mantener las ideas correctas en tu mente.

B. **ACTITUD:** Es la forma conductual de como respondes a lo que te acontece cada día. La calidad de tu actitud siempre es, directamente proporcional a la aptitud y permanencia de tus ideas correctas.

C. **GESTION DE EMOCIONES**: Definitivamente, el principal saboteador del crecimiento y el desarrollo humano, son las emociones. Por eso necesitas desarrollar inteligencia emocional. Las emociones siempre estarán presentes en tu vida, y si quieres influenciar a otros, entrenate en ser gestor de emociones.

D. **CREACION DE CULTURA**: Es de los principales entornos vitales que tienes, como lo son tu trabajo y tu familia. Son los que te limitan o potencializan, tu desarrollo y tu plenitud.

Frente a esto, el padre de la administración moderna Peter Drucker, dijo: **"La cultura se come a la estrategia en el desayuno"**.

Capítulo 27

ACCEDIENDO A LA PROSPERIDAD INTEGRAL

El dinero es algo al cual solemos dar más valor del que realmente tiene. La única realidad es, que el dinero, solo es dinero. Es tan importante, o muy poco importante, según lo quieras denominar. Pero tener dinero en gran cantidad, no puede darte la capacidad de ser feliz, darte paz o hacerte mejor persona.

Te invito a reflexionar y trabajar el poder de construir, una riqueza real. Cuando hablo de riqueza real, me refiero a prosperidad, abundancia, felicidad, plenitud de vida y paz. La riqueza real, solo se tiene cuando no dependes del dinero para ser feliz, sino, viviendo en abundancia y sentiendote abundante.

Aprendí de Iván Misner, fundador de BNI Business Network International, una frase muy poderosa que me acercó un poco más, al concepto de la riqueza real: **"Coloquemos el dinero en el lugar correcto, detrás de las personas"**.

Construir la riqueza real consiste en entender; que la vida verdaderamente se trata, es de ser feliz, servir a los otros y hacer lo que más te guste, de manera apasionada y significativa, que hasta otros la reconocen.

Comparto algunas frases de grandes pensadores:

"Amado, mi oración es que seas prosperado en todas las cosas y que tengas buena salud, así como prospera tu alma".

3 de Juan 1: 2

"Más buscad primeramente el Reino de Dios y su Justicia, y todas estas cosas os serán añadidas".

Mateo 6:33

"El hombre inteligente comprende pronto la impotencia del oro".

Hafiz

"La Felicidad no radica en la mera posesión del dinero: Se encuentra en la alegría del logro y en la emoción del esfuerzo creativo".

Franklin D Roosevelt.

La estructura de la riqueza real:

Les comparto, lo que a mi criterio, son los cuatro elementos que sustentan la riqueza real:

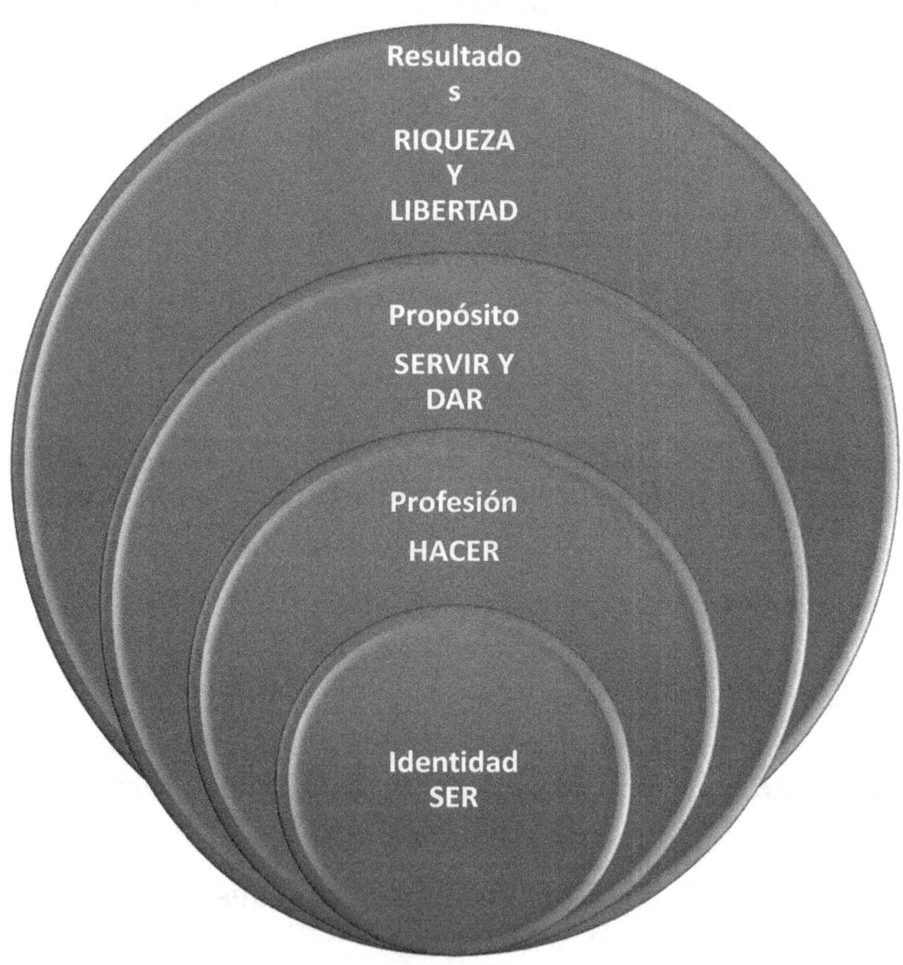

- **Identidad-SER:** Lo primero en que debes trabajar, es en reconocerte y conectarte con tu identidad, y hacer el trabajo necesario para sacar a relucir tu SER.

- **Profesión-HACER:** Cuando tienes claro quién eres, debes moverte al segundo nivel, que es el HACER, y debes hacerlo desde tu profesión, vocación o llamado. Si haces lo que te gusta, es como si no trabajaras.

- **Propósito-SERVIR y DAR:** Una vez sientes, que éstas creciendo y aprendiendo con alegría tu trabajo, te impulsarás al tercer nivel, que es vivir en propósito, y esto incluye entregarte en cuerpo y alma a los otros, a través de servir, entregarte y darte.

- **Resultados:** Riqueza y libertad. Si has pasado por los tres niveles, el cuarto nivel vendrá por sí solo, como resultado, es la consecuencia de tu nivel de coherencia con los niveles anteriores. El error que algunos suelen cometer es que desean disfrutar de la riqueza y vivir sintiéndose en libertad, sin haber trabajado y caminado en los tres primeros niveles.

La práctica de la riqueza real:

Cuando logras caminar en propósito, has alcanzado un nivel significativo de coherencia y alineación. Con estos cuatro niveles de la estructura de la riqueza real, entenderás que no basta con llegar hasta allí, sino que ahora, necesitas aprender a sostenerte y esto lo lograrás generando el PODER DE LA CONSISTENCIA, que es el resultado al implementar las siguientes prácticas de la riqueza real en tu vida:

- Gratitud
- Generosidad
- Entrega
- Honestidad Impecable
- Persistencia

Capítulo 28

LA ESTRUCTURA DE LA FELICIDAD

"Quién pretenda una felicidad y sabiduría constantes, deberá acomodarse a frecuentes cambios".

Confucio.

Como un ser apasionado por el desarrollo humano y un constante buscador, he encontrado, que el precio a pagar para llegar a lograr, cambiar, crecer, mejorar o sanar algo, es alto, y es lo que más te puede costar mantener.

Piensa en las personas que:

- Tienen un problema y acuden a un terapeuta durante tres meses.
- Que bajan de peso, como resultado de tener un entrenador personal.
- Que terminan un curso o un entrenamiento.
- En los vendedores que tienen los mejores ingresos, en los tres primeros meses de su profesión.
- En parejas que durante sus primeros dos años de matrimonio, todo les iba mejor.

El problema es que, todos dejaron de hacer lo que les funcionaba, otros ni siquiera comprendieron que les había funcionado. A la mayoría, les pareció que las cosas comenzaron a irse hacia atrás.

El factor común aquí, es que no bastó con tener, recibir o alcanzar un estado, un logro, un beneficio o un resultado. Lo más poderoso es lograr mantenerse y para eso necesitamos de la estructura de la excelencia.

"Para que una persona, equipo u organización puedan crecer, madurar y avanzar, se necesita trabajar en como tener un sistema y conectarse a una estructura que genere consistencia y coherencia".

Carlos Eduardo Sarmiento L.

John C. Maxwell, aprendió de un coach de Success Motivation Institute, que para crecer, se debe ser intencional y para movilizar la intención y tener planes de crecimiento o desarrollo personal, para que esto genere influencia, felicidad y legado, se necesita sostener todo en una estructura.

"Si dejamos nuestra vida a la deriva, la posibilidad es que fracasemos".

Shad Helmstertter.

¿Por qué necesitamos una estructura?

Después de fracasos, entrenamientos, descubrimientos y de aprendizajes, encontré que había ignorado tres elementos vitales, los cuales me ayudarían a sostenerme y a terminar bien.

Este poderoso *insight,* vino después del fracaso, la frustración y de haberme declarado incapaz, ya que no entendía, como yo, o las personas cercanas que más amaba, incluso mis clientes y alumnos; de corazón manifestábamos que por fin lo entendíamos, que sabíamos lo que deseábamos, que teníamos claro lo que queríamos y lo que debíamos cambiar. Nos lo propusimos de todo corazón, que no nos rendiríamos y que daríamos todo de nosotros mismos. Pero el resultado es que un tiempo más tarde, todo volviera a ser igual, y en algunos casos, volvíamos a estar en un estado peor, que cuando comenzamos. Y al colocarme sobre hombros de gigantes, me refiero a mis mentores, aprendí que todos necesitamos tener y alinearnos a una estructura.

Allan Mullany, ExCeo de la Boing y de la Ford Motor Company, fue de quién aprendí: **"Los seres humanos adultos necesitamos de una estructura externa, para poder lograr cambios y logros significativos"**.

Luego lo verifiqué en un entrenamiento, al estar aprendiendo de unos de los coachs ejecutivos más importantes del mundo actual, llamado Marshall Gold Smith, quién había pasado por las mismas frustraciones que yo venía experimentando.

Marshall verificó que todos necesitamos de algo externo, que nos ayuda a movilizar y mantener el cambio. Ahí descubrí de otra forma, el porqué de la metodología específica que utilizamos en la Leadership Management International, para garantizar resultados.

La estructura de la excelencia:

Ahora te presento, cada uno de los tres elementos de la estructura de la excelencia.

Cultura:

Pensemos en las tantas veces que generamos iniciativas o entrenamientos muy buenos, al interior de nuestras vidas, equipos o empresas y luego vemos lo fácil que se caen o desaparecen. No basta con tener conocimiento correcto, entrenadores avanzados, estrategias increíbles, si primero no hemos trabajado en la creación de la CULTURA CORRECTA.

Los cinco Pilares de la cultura ganadora:

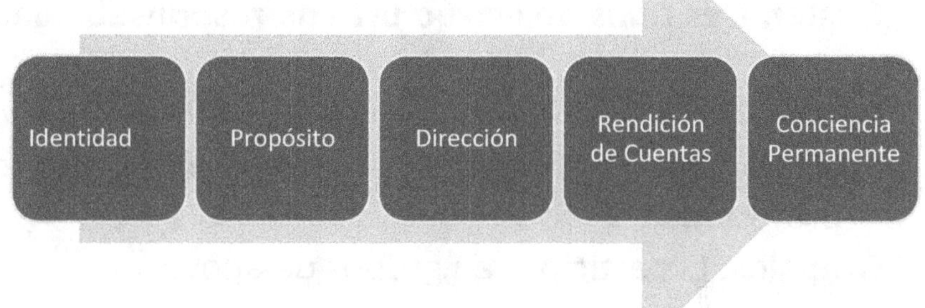

Preguntas para evaluar la cultura de una familia, un equipo o una empresa:

¿Cómo te ven?

¿Cómo te tratan?

¿Cómo te premian?

¿Cómo te castigan?

¿Hacia dónde te llevan?

¿En qué y hasta donde están involucrados y comprometidos los líderes?

¿Cómo se comunican y se relacionan los líderes?

Estructura de responsabilidad:

La mayoría de las veces que deseamos o intentamos cambiar algo, y nos apoyamos en otras personas, o en el aprendizaje de libros o entrenamientos, logramos niveles de conciencia y motivación intencional para comenzar, casi nunca nos proveen de dos cosas fundamentales:

- Lo primero es, no decirnos CÓMO lo vamos a lograr.
- Lo segundo es que no se NOS ENTRENA para conectarnos a una estructura externa, que es la que nos va a ayudar a no fracasar y a no desistir.

Existen tres tipos de estructuras de responsabilidad:

Personales: Mi plan y lo que yo sé, que debo hacer cada día.
Profesionales: El apoyo o el acompañamiento de un profesional.
Grupales: El participar en grupos de apoyo.

Seguimiento y Feedback:

El tercer fundamento de la estructura de la excelencia que yo propongo y trabajo con mis clientes, es lo que magistralmente otro de mis mentores el Dr. Henry Cloud, enseña y condensa en su libro, El Poder del Otro.

Este punto de la estructura de la excelencia es fundamental, vital y obligatorio, para poder lograr cosas significativas, también es el más difícil de lograr por las siguientes dos razones:

- **La primera:** La persona que esté preparada para ejercer este rol con excelencia, implica que ha sido entrenado y formado con una metodología estructurada, como la que usamos en todos los programas de Leadership Management International.
- **La segunda:** Al estar listo para aprovechar y optimizar esta provisión, demanda, que hayas hecho un trabajo serio y profundo en cuanto a tu ego, de tal forma que puedas aceptar amorosamente el poder del otro, ayudándote a trabajar en ti, a la vez que tu yo, trabaja contigo.

"El tamaño, el crecimiento y la madurez de una organización, están sustentadas en la calidad de sus sistemas, en la existencia y la conexión con la estructura de la Excelencia".
Carlos Eduardo Sarmiento L.

En mi experiencia corporativa, vi la mayoría de las veces hacemos bien muchas cosas, pero no basta con eso, sino que además debemos proveer de una estructura a las personas y trabajar con ellas todo el tiempo, haciéndoles un seguimiento y otorgándoles un feedback equilibrado y honesto de forma permanente.

"El seguimiento, nos recuerda el foco, y el feedback nos permite saber cómo vamos, mientras vamos haciendo mejoras sustanciales"
Carlos Eduardo Sarmiento L.

Capítulo 29

EL FACTOR TD

"Si tu aquí y ahora, te resulta intolerable y te hace desgraciado, tienes tres opciones: retirarte de la situación, cambiarla o aceptarla totalmente".

Eckhar Tolle.

Los seres humanos somos dados a ser optimistas y a tener la esperanza de que nuestro futuro será mejor. Lo único cierto es que nuestro futuro nunca será mejor, si no nos hacemos cargo hoy, del poder del ahora.

Somos hermosamente lindos y hermosamente tontos. Cuando las crisis, los problemas o las situaciones, nos llevan a repensarnos, encontramos muchas cosas por cambiar, muchas lecciones por aprender y muchos errores para no volver a cometerlos.

Curiosamente, desperdiciamos lo más valioso que tenemos; nuestra experiencia de vida.

Cuando hablo de la experiencia, me refiero al pasado. Para poder aprovechar el poder del hoy, necesitamos poder reconocer nuestra historia, para saber que errores cometimos, qué debemos aprender y qué cambios hacer. A partir de ahí, diseñar una vida diferente.

Ahora que tengo el privilegio de apoyar y ayudar a muchas personas, equipos y empresas e ir al siguiente nivel, encuentro el valor de algo que he llamado EL PODER DE ELEGIR.

El hoy, el presente y el ahora, son nuestro mayor regalo. Para aprovechar y optimizar nuestra vida, además de entrenarnos, debemos usar el poder de elegir éstas tres elecciones:

- ✓ Elegimos parar, reflexionar y aprender del pasado
- ✓ Elegimos aprender de nuestra historia de vida (lo bueno para repetirlo, y lo malo para no repetirlo). Tomando decisiones de cambio.
- ✓ Elegimos entender que sobre lo único que tenemos poder, es sobre nosotros mismos y nuestro hoy, por eso nos hacemos cargo.

"Los seres humanos solemos cambiar, por tomar estos tres caminos: Porque nos hastiamos de perder o fracasar, porque por fin aprendimos, por propósito y elección. Por eso nuestro mayor regalo es el Hoy".

Carlos Eduardo Sarmiento L.

Todo lo que logramos ser y tener en nuestras vidas, es el resultado del HACER. Lo que hacemos es inspirado por cómo nos sentimos, y el cómo nos sentimos, se origina en como pensamos, por eso como seres extraordinarios, nos hacemos cargo TODOS LOS DÍAS de nuestro pensar, hablar y sentir, para garantizar un hacer alineado a nuestros sueños, metas y propósito.

"No te detengas en el pasado, no sueñes con el futuro, concentra la mente en el presente".

Buda Gautama.

El regalo de la conciencia:

Para poder disfrutar y reconocer del poder del hoy; necesitamos entender que debemos elevar nuestros niveles de conciencia, estar despiertos y listos para dar el máximo y lo mejor para nosotros mismos y para el Mundo, cada día de nuestra vida.

El nivel de conciencia que necesitamos está bien explicado en el siguiente escrito:

"Lo que más me sorprende del hombre occidental, es que pierden la salud para ganar dinero, después pierden el dinero para recuperar la salud. Y por pensar ansiosamente en el futuro, no disfrutan del presente. Por lo que no viven el presente ni el futuro. Y viven como si no tuvieran que morir nunca, y mueren como si nunca hubieran vivido".

Dalai Lama.

De este significativo escrito miremos cada parte, y así compartir mi observador de lo que llamamos conciencia y estar despiertos, para retarte a que te mantengas vivo, cada día de tu vida.

La explicación:

"Me sorprende que pierden la salud para ganar dinero:"

Si caminamos gran parte de la vida, perdiendo la salud a cambio de hacer dinero, quiere decir que no tenemos ni idea del valor de la salud y que tenemos prioridades equivocadas.

"Y por pensar ansiosamente en el futuro no disfrutan el presente:"

Para disfrutar el presente, necesitamos estar despiertos, consientes y presentes, necesitamos parar, respirar, caminar, agradecer, observar, orar, entendiendo que del pasado nada podemos cambiar y que el futuro aún no ha llegado.

"Por los que no viven ni el presente ni el futuro:"

Si no estamos presentes y pretendemos estar en dos lugares al mismo tiempo, no estamos viviendo y nos perdemos la realidad de lo que significa el MILAGRO de vivir y entender que solo podemos vivir UN DÍA A LA VEZ.

Las cosas que más nos desgastan son la ansiedad del futuro y las frustraciones del pasado. La solución para ambas es tener UN PLAN DE VIDA serio y estructurado. La otra cosa que podemos hacer es, entender que los frutos vendrán en su tiempo y que por más que nos afanemos, hay cosas que no podemos cambiar o acelerar porque todo tiene su tiempo.

"Y viven como si no tuvieran que morir nunca, y mueren como si nunca hubieran vivido:"

La transición de los 40 años en adelante es muy importante y vital, porque en los cuarenta comenzamos a darnos cuenta, que realmente la vida pasa muy rápido. Nos solemos preguntar: ¿Cuántos años he vivido y que he logrado hacer con mi vida?

El mensaje central, en esta última parte es, que la VIDA ES UN REGALO MARAVILLOSO, SIGNIFICATIVO Y UNICO que merece nuestro respeto, nuestro compromiso y gratitud. Si esto es cierto, debemos poner en orden varias cosas y esto incluye tener la capacidad de:

- ✓ No vivir la vida sin un plan.
- ✓ Determinar y entender las prioridades correctas.
- ✓ La importancia de construir y dejar un legado que trascienda aún después de nuestra muerte.

La estructura de un día de propósito:

En los procesos con mis clientes, implemento el poder de un SISTEMA DE LIDERAZGO PERSONAL, que es un modelo y una herramienta externa, que te ayudará a aplicar y vivir todo lo que enseño en mis libros. Trabajo en algo muy significativo que les comparto hoy.

"La única manera de tener semanas extraordinarias, es por haber descubierto la forma de aprender a tener días extraordinarios".

Carlos Eduardo Sarmiento L.

Los pasos que les enseño a mis clientes y que trabajamos para enfocarnos en el poder del Hoy:

- ➤ Tenga un plan para su día.
- ➤ Inicie el día con rituales de éxito.
- ➤ Trabaje por lograr, sí o sí, mínimo cinco acciones significativas antes de las 12 del día.
- ➤ Cierre el día: Seguimiento, feedback y gratitud.

Uno de mis mentores Anthony Robbins, dentro de sus rituales de inicio del día, tiene el contestarse todos los días las siguientes preguntas, las cuales que me parecen muy poderosas:

¿De qué estoy orgulloso?
¿Qué quiero agradecer hoy?
¿Quién me quiere y a quién quiero?
¿Qué va bien con respecto a mi situación actual?
¿Qué puedo hacer hoy para mejorar mi vida?

"Este momento —el Ahora— es la única cosa de la que nunca puedes escapar, el único factor constante en tu vida. Pase lo que pase, por más que cambie tu vida, hay una cosa segura: Siempre es Ahora".

Eckhart Tolle.

Capítulo 30

REINVENTANDO EL FUTURO

Cada nuevo libro que escribo es una experiencia maravillosa y forma parte de mi propósito, escribir es un don natural que disfruto mucho, además, construyo mi legado.

¡Cuanto he aprendido! A medida que pasa el tiempo lo reconozco y agradezco la importancia de tener mentores. Nuestros acompañantes de viaje para crecer, madurar y conquistar el arte de vivir la vida.

En este último capítulo quiero RETARTE, a que no consideres este libro como uno más, sino que sea una guía para ti. TE RETO a que te permitas que te pase algo nuevo; a que hagas lo que tengas que hacer para encontrar tu propósito, a que te movilices y seas disciplinado con lo que creas importante, o busques ayuda si la necesitas para crecer.

Demuéstrate que eres más grande y poderoso de lo que siempre has creído de ti. Recuerda, eres bendecido, TU NO ERES UN ACCIDENTE, eres una CREACIÓN DIVINA, un MILAGRO y naciste con un propósito para marcar la diferencia y escribir tu historia, cantar tu canto y servir con tus dones al Mundo.

¿Qué es reinventarse, y por qué?

Reinventarse es tener la capacidad de parar y reflexionar sobre tu vida, que es lo realmente importante, cada vez que lo sientas necesario. Reinventarse es reconocer que los fracasos son temporales, que son oportunidades para desarrollar tu potencial y sacar a la luz tu grandeza.

Los doce detonantes para reinventarse:

- ✓ Cuestiónese todo.
- ✓ Hágase preguntas poderosas.
- ✓ Aprenda.
- ✓ Agradezca.
- ✓ Perdone.
- ✓ Celebre.
- ✓ Ríase.
- ✓ Descanse.
- ✓ Respire.
- ✓ Ore.
- ✓ Exprese y gestione sus emociones.
- ✓ Diseña tu futuro.

Diseñando el futuro:

El diseño de tu futuro es la capacidad que tienes para conectarte a una estructura de excelencia y diseñar por escrito la vida que te mereces y quieres vivir.

Honro de manera especial a mi gran mentor, Paul J Meyer fundador de Leadership Management International, después de entrenarme como coach de alto desempeño.

Una frase que dijo se quedó grabada en mi corazón y me incomodó de tal manera, que me retaba todos los días a ser mejor y a sacar lo mejor de mí, Sí, o Sí. Considero que esa frase, es la mejor entrada para entender que todos los adultos necesitamos tener un plan de vida y hacernos cargo del diseño de futuro:

"El éxito es la realización progresiva de metas personales y predeterminadas en todas las áreas de la vida".

Paul J. Meyer.

Hoy más que nunca, se habla de la FELICIDAD y se cita como referencia a la Cátedra de la Felicidad, que se abrió en la Universidad de Harvard, en Estados Unidos. Me parece un poco irresponsable que se hable de felicidad, sin que nos enseñen o nos diga, realmente como alcanzarla, mantenerla y compartirla.

Una de las razones, por las cuales los procesos que vendemos en Leadership Management International, han tenido tanto éxito en todo el Mundo, por más de cuatro décadas.

La frase que Paul J. Meyer escribió en 1960 es tan revolucionaria y poderosa que tiene vigencia, incluso hoy más que nunca. ¿Qué pasaría si a todos nosotros, a los quince años nos enseñaran que nacimos para ser extraordinarios y únicos? Qué no seamos copias de nadie, que tenemos todo lo que necesitamos dentro de nosotros, y que la vida consiste en:

- Definir: ¿Qué es el éxito para ti? (cada ser humano tiene su propia definición).
- Acompañarlo de plenitud, que es apasionarse por tener equilibrio en todas las áreas de la vida.

Te tengo un mensaje central y poderoso y es: TODAS LAS ÁREAS DE NUESTRA VIDA SON IGUAL DE IMPORTANTES, VALIOSAS Y RELEVANTES.

Las áreas de desarrollo vital:

Debes hacer una transición del saber al hacer, por eso te voy a compartir las áreas de desarrollo vital y te invito a que evalúes: ¿Cómo te sientes hoy en cada una de esas áreas? Para que luego tomes acción.

*Frente a cada área, califícate de 1 a 10:

Áreas	1	2	3	4	5	6	7	8	9	10
Financiera										
Profesional										
Educativa										
Mental										
Salud										
Estado Físico										

Social										
Cultural										
Espiritual										
Familiar										
Pareja										
Desarrollo Personal										

Las cuatro acciones para generar movilización hacia el diseño de futuro:

Existen cuatro acciones específicas, que debemos asumir los seres humanos cuando queremos comenzar de manera seria a diseñar futuro, se las comparto en la siguiente gráfica:

Antes de establecer y poner en acción tus maravillosos planes, eleva tu conciencia por medio del aprendizaje, lo cual debe significar el hacer y trabajar con estas cuatro listas:

Lista de Iniciar: ¿Cuáles son esas cosas, que siempre has querido iniciar y sabes que son importantes, pero que nunca has encontrado tiempo para hacerlas?

Lista de Terminar: ¿Cuáles son esas cosas que ya se han convertido en una carga para tu vida y en un limitante de fluidez? Las que están en tu lista de iniciadas, pero nunca has terminado.

Lista de Cerrar: ¿Cuáles son esos asuntos, relaciones o procesos que has querido ignorar, evitar y no quieres asumir, que son importantes para que hoy te hagas cargo?

Lista de Renunciar: ¿Cuáles son las cosas, relaciones o metas, que tu vida te ha mostrado que no son para ti, que no te convienen y que te hacen daño? Llegó la hora de soltarlas y dejarlas ir.

"Tenemos que abordar nuestros problemas y soltarlos, apartándolos del camino, para que nuestros dones puedan fluir libremente y se cumpla nuestro propósito".

Dale C. Bronner.

"La única diferencia entre éxito y fracaso, es la capacidad de emprender la acción".

Alexander Graham Bell.

Conciencia plena:

En el coaching ontológico, aprendí que para ser protagonistas y redactores del destino, debemos entender y asumir con acción y tener alineación permanente en nuestra relación con los siguientes cuatro elementos:

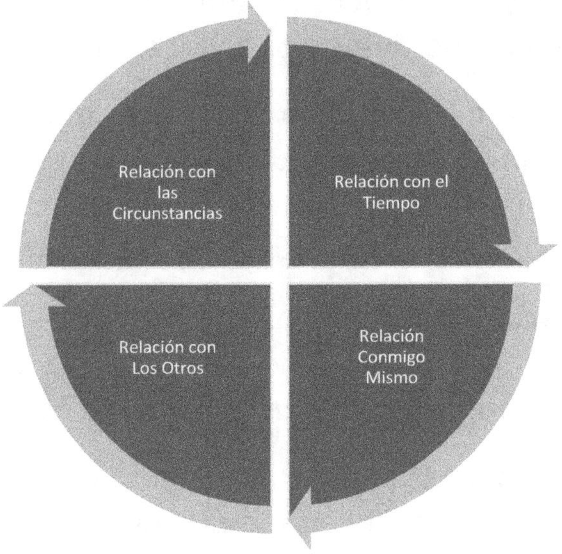

Por mucho tiempo, en mi búsqueda personal viví muy frustrado, intentaba, anhelaba y quería lograr muchas cosas, a la vez que ponía en acción muchos aprendizajes. No tardaba en darme cuenta, que seguía siendo el mismo. Y frente a esto es que el coaching ontológico me brindo una oportunidad única. Ahora yo me conecto con la conciencia plena de ser 100% RESPONSABLE, y al recibir herramientas, puedo elegir ser protagonista y gestionar los cuatro elementos de la gráfica anterior.

Relación con el tiempo: El tiempo es el recurso más valioso con que contamos, para lograr lo que deseamos; ser felices y cumplir nuestro propósito. El tiempo es el recurso humano más valioso, pero menos valorado. El tiempo nos permite lograrlo todo, pero el tiempo que perdamos nunca volverá. Por eso una persona de propósito, valora y usa su tiempo sabiamente.

Relación Conmigo mismo: Curiosamente, mientras crecemos y maduramos esperamos que sean los otros los que aprendan, los que cambien y los que pidan perdón. Mi relación con otros siempre será un reflejo de mi relación conmigo mismo. Por eso debo aprender a valorarme, reconocerme, perdonarme y entender que mi mayor reto es hacerme feliz y lograr alcanzar la mejor versión de mí mismo.

Relación con los otros: No existe mayor tontada, que pensar que no necesitamos de nadie en la vida, que nosotros podemos hacerlo todo. Por naturaleza y diseño, los seres humanos somos seres gregarios y vinculantes, nuestro sano crecimiento, se da inmerso en una relación con alguien o con otros. Al honrar a otros, me sirvo y me honro a mí mismo.

Relación con las circunstancias: Una de mis pasiones es el tema del liderazgo; por eso es uno de los temas que más he estudiado. En este proceso, aprendí que definitivamente las cosas que nos afectan no son las circunstancias, sino las actitudes y acciones que tomamos frente a éstas. Para tomar las actitudes y acciones correctas, debemos hacernos cargo de ser responsables y cambiar nuestro observador y creencias.

"Solo nos convertiremos mañana, en aquello que decidamos hoy, y en lo que trabajemos todos los días hasta hacerlo realidad".

CES

Diseñando futuro, un área a la vez:

La siguiente estructura de diseño de vida, «que trabajo con mis clientes», es para que pongas manos a la obra, te hagas cargo de cada área de tu vida.

La matriz de diseño de futuro:

En este modelo te invito a que trabajes en cada una de las áreas de tu vida, que sean relevantes e importantes para ti.

Área	
Mis sueños de plenitud para esta área son:	Mi realidad cruda y objetiva de hoy es:

Metas de poder para los próximos 90 días	
Meta # 1	Meta # 2
Mis brechas o barreras son:	Mis compromisos diarios de acción son:

UN LLAMADO A LA ETERNIDAD

Reconozco que somos seres espirituales, teniendo una experiencia humana. Todo lo que soy y tengo hoy, se lo debo a mi Dios y a la obra de Jesús en mi vida.

Como coach, terapeuta, escritor y consultor, soy coherente con mi propósito; por eso, me esfuerzo en compartir lo mejor de mí, en mis libros. Quiero también dejarles un pequeño mensaje espiritual.

Este no es un libro de teología, ni un libro religioso, como la vida tampoco lo es. Lo que sé, es que la vida es espiritual, es un milagro y es un don que no nos pertenece. ¿Quién de nosotros por más que se afane, podría añadir más estatura o cambiar lo incambiable? Es curioso que por más ateos que, algunos se jactan de ser; cuando esos seres pierden la esperanza, cuando no ven salida alguna o sienten que están a punto de morir, voltean sus ojos a Dios, a lo espiritual o a lo sobrenatural.

Es un mensaje de corazón a corazón y un compartir muy respetuoso. Respeto y honro al máximo sus creencias o prácticas religiosas, o si no las tiene, permítame darte este mensaje.

Cuestiónate sobre la eternidad y qué pasará cuando todo haya terminado. Personalmente acepté a Jesús como mi Señor, mi Salvador y Soberano de mi vida. Eso revolucionó mi relación con él, siempre me ha llevado a querer ser más; sus estándares me han ayudado a entender el poder del liderazgo.

Cuatro preguntas:

¿Crees en Dios? Sí o No ¿Y por qué?

¿Crees en la vida después de la muerte?

¿Qué pruebas hay en tu vida, de que Dios existe y Él te ama?

¿Cuál es tu destino final?

La oración de fe:

Esta oración la hice una vez hace veintidós años, cuando decidí voluntariamente reconocer a Dios en mi vida y aceptar a Jesús como mi Señor y Salvador. Te invito a que pares un momento, y repitas ahora mismo y en voz alta la siguiente oración:

Señor Jesús, te necesito. Gracias por morir en la cruz para pagar por mis pecados. Te pido perdón por mis pecados y te recibo como mi Señor y Salvador. Gracias por darme el regalo de vida eterna. Deseo cambiar y vivir una nueva vida contigo como mi Señor y Salvador. Gracias Jesús.
Amén.

"Pon tu mira en el cielo y recibirás también la Tierra, pon tu mira en la Tierra y no recibirás ni ésta, ni el cielo".

CS. Lewis.

Con respeto te entrego lo mejor de mí, estoy comprometido con tus sueños. Es mi anhelo darte animo a que tengas valor y ayudarte a ir hasta el siguiente nivel. Honrando la importancia de Dios en mi camino, sino, me sería imposible entregarme completamente en mis escritos.

> *"Si usted cree que es demasiado pequeño para marcar una diferencia, intenta dormir con un mosquito".*
>
> *Dalai Lama.*

Deseo que descubras tu propósito y que tu vida éste llena de paz, amor, prosperidad y plenitud espiritual.

Gracias y que Dios te bendiga.

Tu amigo.

Carlos Eduardo Sarmiento L.

EL SIGUIENTE PASO

Jhon C. Maxwell, el gurú y experto en liderazgo mundial, fue impactado por el poder del SIGUIENTE PASO cuando él estaba en su transición, entre los veinte y los treinta años; gracias a un coach de alto desempeño del Instituto de Motivación para el Éxito. ¡Quién lo RETO a ir más allá!

En esa ocasión, el Coach Curt Kampmeier, lo confrontó al decirle: **"Si vas a crecer tienes que ser INTENCIONAL".**

Estimado lector, tiene frente a sus ojos la oportunidad de ELEGIR y aceptar, EL RETO del siguiente paso.

El siguiente paso, consiste en ASUMIR EL 100% DE SU RESPONSABILIDAD, frente a todos los resultados que has obtenido hasta hoy, y tus relaciones con todas las personas que tienen contacto con usted en sus entornos conectivos, familiares y laborales.

Como COACH DE ALTO DESEMPEÑO, tengo que hacerle la misma PREGUNTA potenciadora, que se le hizo a Maxwell en su tiempo.

¿Tiene usted un plan de crecimiento personal y profesional estructurado, y lo tiene escrito para los próximos doce meses?

Tengo plena seguridad que el 90% de las personas que lean este libro, no LO TIENEN. Por eso les explico un poco más, en que consiste este PLAN DE CRECIMIENTO.

El plan de crecimiento es el EJE CENTRAL de trabajo, resultante de la intervención y acompañamiento de un Coach de Alto Desempeño, por un período de 6 meses utilizando la metodología del COACHING DE RESULTADOS.

Este plan de crecimiento personal y profesional se sustenta sobre cuatro EJES centrales que son sencillos y potenciadores:

Un plan de crecimiento personal trabajará con el 100% de ti mismo, para llevarte a ser la mejor versión de ti, para ayudarte de forma sostenida a liberar tu potencial al máximo.

El siguiente paso equivale a asumir el RETO de tener Sí, o Sí, un PLAN DE CRECIMIENTO PERSONAL Y PROFESIONAL para los próximos doce meses, los llevará a entender que:

"El deseo y la intención no cambian a nadie, esperar que algo pase sin hacer nada, no moviliza. El simplemente soñar, no me hace mejor. Tener una visión no transforma. Pensar y sentir bonito no sostiene. Lo único que tiene sentido es usar AL MISMO TIEMPO los cuatro elementos de la fórmula de la excelencia sostenida: Propósito, acción masiva, consistencia y estándares de excelencia".

Carlos Eduardo Sarmiento L.

Anexo # 1

EL PODER DEL COACHING DE RESULTADOS

De todas las competencias que puede y debe desarrollar un líder, la más importante e influyente a la hora de pensar en generar resultados, es la competencia del Líder Coach, sustentada en el modelo del coaching de resultados para mejorar el desempeño, generar crecimiento y lograr consistencia y sostenibilidad, a mediano y largo plazo.

Mi definición de lo que es el coaching de resultados: Es el arte de facilitar procesos de aprendizaje, autoconocimiento y cambio fundamentados en cuatro elementos vitales que son:

Relaciones genuinas: Es la creación sostenida de una relación a largo plazo y ganar con un líder coach genuino, transparente, humano y conectivo.

Una estructura: Se refiere a contar con una metodología estructurada y sistemática que te lleve de forma organizada de comienzo a fin.

Un proceso: Me refiero a que, como seres humanos necesitamos tener un tiempo mínimo para lograr cambios sostenibles y significativos, en mi experiencia, se requiere un mínimo de seis meses.

Cambios en profundidad: Aquí me refiero, a que todo cambio se inicia con un cambio de paradigmas, aunque los paradigmas se arraigan en el subconsciente; los cambios en profundidad hablan de generar cambios de actitud, de comportamiento y pensamiento subconsciente.

Categorías de tipos de coaching: El coaching, es una metodología de intervención que ha estado activa en diferentes partes del Mundo durante los últimos treinta años. Es importante tener claridad sobre los diferentes tipos de coaching que existen. Hay tres categorías fundamentales de intervención de coaching, en estas prácticas entran la mayoría de los coaches, y son:

Coaching transaccional: El enfoque de esta técnica, es en el desarrollo de habilidades y competencias blandas.

Coaching conductual: El enfoque de esta habilidad, se basa en descubrir viejas pautas de comportamiento para luego instaurar nuevas pautas.

Coaching transformacional o de resultados: El enfoque está basado en trabajar e inspirar para generar un cambio sustentable en el individuo, trabajando el cambio de pensamientos, actitudes, comportamientos y la alineación con las emociones correctas.

Para que se dé genuinamente una intervención de coaching de resultados, se deben manifestar tres pilares fundamentales. Los evaluarás en la gráfica siguiente:

Desarrollo del conocimiento: Tiempos de cambios con saturación de información y adelantos tecnológicos, lo mismo que la ciencia. Pero seguimos teniendo los mismos problemas, así que debes elegir los coaches que tengan el conocimiento correcto sobre el liderazgo y la complejidad del humano, para que realmente pueda ayudarte y a la vez tú ayudar a otros en tu entorno.

Desarrollo de Compromiso: Este es tal vez, un elemento difícil de conseguir en los coaches, lo mismo que en la mayoría de los seres humanos. Si te observas, te encontrarás diciendo o escucharás a otros decir: "Es que yo realmente sí quiero cambiar" o "yo sé que eso está mal" … y un tiempo más tarde verás que todo sigue igual o les está yendo peor.

El compromiso es algo emocional, mental y de voluntad. El compromiso se genera cuando llegas a OTRO NIVEL DE CONCIENCIA, donde te interesas genuinamente por las consecuencias positivas y negativas de todas tus acciones de conductas en tu entorno o en los roles en que estés inmerso.

Desarrollo de maestría: No hay nada más curioso que la actitud de algunos seres humanos, ante la posibilidad real de querer atraer o lograr muchas cosas y no quieren pagar el precio de tiempo y educación o mantener un compromiso necesario, que les demande mucho tiempo para alcanzar o lograr lo que dicen querer.

Para mí, fue cuestión de tiempo, dinero y pérdidas significativas, el entender que había una gran diferencia entre EVENTOS y PROCESOS. Por mucho tiempo asistí a muchísimos y variados EVENTOS, ya fuera de un día, un fin de semana o semanas completas. Siempre me pasaba lo mismo; se manifestaba mi emoción de euforia. Parecía darme cuenta en ese momento, de lo que me hacía falta o cual era mi falla. Creía que ya estaba listo para devorar el Mundo, pero tres semanas después TODO SEGUÍA IGUAL. Del año 2007 al 2008 tuve la fortuna de tomar un PROCESO DE LIDERAZGO TRANSFORMACIONAL de Leadership Management International, que duró seis meses, fue donde entendí el PODER DEL PROCESO que ahora enseño y vivo.

Los eventos, son experiencias que nos permiten tener en un solo impacto un entorno de aprendizaje controlado y los procesos son multi-impacto. Durante seis meses fui expuesto a información, apoyo coach y estructuras de apoyo. También pude interactuar entre ambientes de aprendizaje controlados y la vida real, lo que siempre hará más efectivo el proceso.

El desarrollo de la maestría se logra en PROCESOS y no en eventos, es la conexión continua y permanente de cuatro elementos:
+ Práctica.
+ Emociones positivas.
+ Disciplina.
+ Tiempo (seis meses de proceso).

Tengo que ser coherente, en mis procesos de seis meses, logro establecer los fundamentos del cambio sostenible, y le entrego a mis clientes estructuras para sostener esos cambios. Aunque la REAL MAESTRIA se logra después de dos o tres años, como lo confirma el autor Malcolm Gladwell, en su libro Fuera de Serie. Basado en resultados de muchas investigaciones y conversaciones con maestros en diferentes áreas, descubrió un PATRÓN revelando que para lograr la MAESTRIA en algo, se necesita un mínimo de 10.000 HORAS DE PRÁCTICAS. **"Una práctica ocasional, jamás genera transformación"**.

Anexo # 2

BONO DE REGALO

Por comprar este libro y llegar a esta página, has ganado el derecho a una sesión **COMPLETAMENTE GRATIS, de 90 minutos de Coaching de RESULTADOS, online, con el autor.**

Para reclamarla escribe un email directamente al autor:
carloseduardoscoach@gmail.com
En asunto: Yo quiero recibir Coaching GRATIS.
Escribe tus datos personales:
Nombre:____
Ocupación:_____________________________________
Edad:_____
País:__________Ciudad de residencia:______________
Área personal, profesional u organizacional en que desea trabajar:_________________________________
Dos posibles días y horas en que podrías recibir el coaching que él te ofrece:__/__/____ o __/__/____

CONECTÁNDONOS

Para mí es súper importante saber tu opinión acerca de este libro, ¿en qué áreas te ha aportado sabiduría?, ¿has recibido impulsos y principios para manifestar tus sueños o negocios?
Escríbeme a: carloseduardoscoach@gmail.com

O a través de mis páginas webs:
www.emergiendo.com
www.tlcoachinginstitute.com

Por conectarse con nosotros y enviarnos un mensaje, recibirá una vez al mes, un boletín de liderazgo y coaching, que le dará ideas, como una píldora detonante para ir más allá. Recíbalo TOTALMENTE GRATIS.

De igual forma, quiero CREAR UNA COMUNIDAD HISPANA, que tenga interés en el tema de este libro, conectar a los lectores de diferentes zonas geográficas para que se reúnan, crezcan y compartan. Así utilizaremos el poder de la MENTE MAESTRA que consiste en la riqueza de reunirse para creer en sí mismos, aprender y crear en equipo con personas que tengan ganas de crecer, aprender y transformarse.

También serás parte del CLUB DE LAS METAS, donde compartiremos su idea de negocio, meta de aprendizaje personal, de equipo o corporativa, para que puedas recibir ideas, feedback, preguntas e impulso y motivación.

Nuestros Programas

La idea es que su nivel de aprendizaje y desarrollo no quede estancado, sino que, tanto tu sueño, como tu empresa sean llevados juntos AL SIGUIENTE NIVEL. Hemos diseñado PROGRAMAS ONLINES O PRESENCIALES, para que puedas acceder a ellos desde cualquier lugar del Mundo, cuente con mi apoyo personal y de nuestro equipo con apoyo y entrenamiento en:

❖ **COACHING PARA EMPRENDEDORES:**
Seis meses de apoyo, coaching y estrategias para establecer y consolidar las bases de una empresa exitosa.

❖ **COACHING PARA RESULTADOS:**
Proceso de liderazgo y coaching, enfocados en resultados, claridad, productividad, gestión del tiempo y estrategia para impulsar a cualquier profesional, o gerente que sea productivo y genere un alto valor en su cargo, profesión o negocio.

❖ **COACHING DE PAREJAS:**
Proceso de acompañamiento y apoyo a parejas interesadas en mejorar su relación, o poder generar una real integración y conectividad para crear su propia felicidad.

❖ **CERTIFICACIÓN DE COACHING TRANSFORMA-CIONAL ADAPTATIVO:**

Programa de entrenamiento y desarrollo de competencias profesionales de coaching, para que el participante pueda optimizar todos sus procesos con coaching, y a su vez, el coaching se convierta en un nuevo ingreso económico que apoye tu gestión y movimiento profesional.

❖ **COACHING EN VENTAS:**

Proceso de acompañamiento y apoyo durante seis meses, revisando tu estructura operativa de ventas, formándote en la maestría de las competencias, para convertirte en un vendedor de clase mundial, puedas incrementar tus ventas y tus indicadores en un mínimo del 15%.

Estimado lector, quieres llevar este tema en vivo a tu empresa, colegio, universidad o comunidad, no dude en comunicarte conmigo, te estaré acompañando con mucho gusto.

Hasta una próxima oportunidad
Carlos Eduardo Sarmiento L
carloseduardoscoach@gmail.com
carlosedocoachderesultados@gmail.com
Bogotá, D.C. Colombia
www.emergiendo.com
www.tlcoachinginstitute.com

COMPAÑÍAS QUE RESPALDAN NUESTROS PROCESOS

www.emergiendo.com

www.tlcoachinginstitute.com

Bibliografía

- *The Power of Focus, Canfield, Hansen and Hewiit. Health Communications.*
- *El Arte de lo Posible, Rosamund Stone Zander y Benjamin Zander. Paidós.*
- *The DNA Of Success, Jack M Zufelt. Regan Books*
- *Los 7 Hábitos de la Gente Altamente Efectiva, Stephen Covey. Paidós*
- *Poder sin Límites, Anthony Robbins, Grijalbo*
- *El Poder del Pleno Compromiso, Jim Loehr y Tony Schwarts. Algaba*
- *Estrategias para el Éxito, Phillip C. Mcgraw, Plaza y Janes*
- *Transforme sus Pensamientos en 30 Días, Carlos Eduardo Sarmiento, Mestas*
- *El Test de la Pasión, Janet Bray y Attwood Christ, Norma*
- *Una Vida con Propósito, Rick Warren, Vida.*

Carlos Eduardo Sarmiento Ladino, es un Coach apasionado y un mentor de líderes, comprometido con la construcción de un legado significativo para la siguiente generación.
Es Consultor Organizacional, conferencista, escritor, ejerce como director y fundador de Transformational Leadership Coaching Institute, una escuela de entrenamiento de Coaches transformacionales adaptativos de latinos para latinos.

Es parte del equipo internacional de Coaches Globales de alto desempeño de Leadership Management International. Es diseñador y creador de los Sistemas de Liderazgo para Pymes y de Liderazgo y director de EMERGIENDO, una empresa de consultoría y entrenamiento especializada en la aceleración de negocios, la excelencia corporativa y el diseño de vida.

Es autor de los siguientes libros: Prosperidad Integral, Familias de Cristal, 10 Pilares para Desarrollar Hijos Felices y con Propósito, Coaching para el Éxito, Coaching para Emprendedores, Transfórmate en un Líder en 30 días, Conviértete en un Número Uno en Ventas en 30 Días.

Es un apasionado entrenador y reformador de pensamientos y resultados, posee estudios en Teología, Psicología y es coach profesional certificado de las siguientes organizaciones: ICC- International Coaching Comunity, ICL- International Coaching Leadership, ICF-

International Coaching Federation, Optimizare, Future Achievement International, ACSTH de la ICF de Active Results, Coach Transformacional de Modelo de Lifeforming de la universidad de Virginia en los Estados Unidos de América y Coach Ontológico Organizacional, de la Universidad de Manizales, Intuitiva y La ICF.

Es un enamorado del desarrollo personal, del liderazgo y de la transformación en su búsqueda personal y en su camino de entrenamiento, ha sido alumno de mentores como Bob Proctor, Paul J Meyer, Jhon C Maxwell, Kem Banchard, Robert Kiyosaky, Zig Ziglar, Bryan Tracy, David Ransey, Fredy kofman, Jack Canfield, Anthony Robins y Sthephen Covey.